Marc A. Dupont

Gottes Freund werden

SCHLEIFE VERLAG

Titel der Originalausgabe:
Becoming the Friend of God

1. Auflage März 2019
© Schleife Verlag, Pflanzschulstr. 17
CH-8400 Winterthur, Switzerland, Tel. 0041 (0) 52 2322424
E-Mail: verlag@schleife.ch, www.schleife.ch

ISBN: 978-3-905991-46-8
Bestellnummer: 120.134

Übersetzung aus dem Amerikanischen: Judith Petri
Umschlaggestaltung: Samuel Schuhmacher
Satz: Nils Großbach
Herstellung: optimal Media, DE-Röbel

Widmung

Es gibt ganz offensichtlich nur eine Person, der ich dieses Buch widmen könnte – nämlich Gott selbst. Er ist nicht nur einzigartig, seine Freundschaft ist mit nichts anderem zu vergleichen. Wie Johannes, der letzte Prophet des Alten Testaments und der erste Prophet des Neuen Testaments, es ausdrückte, ist es auch das Verlangen meines Herzens, «ein Freund des Bräutigams» zu sein. Das heisst, ich möchte Gott den Vater, Jesus Christus und seinen Heiligen Geist nicht nur als Retter, Herrn und Vater kennen, sondern ich möchte zu seinem Freund werden. Gleichwohl würde ich gern meinem zweitbesten Freund, meiner Frau Kim, von ganzem Herzen danken. Wir sind inzwischen siebenundzwanzig Jahre miteinander verheiratet, und ich könnte mir keinen einfühlsameren, amüsanteren und liebevolleren Ehepartner wünschen als sie.

Marc A. Dupont

Inhaltsverzeichnis

Geleitwort

Von Marc Dupont habe ich zum ersten Mal vor vierzehn Jahren gehört, da er während der Ausgiessung des Geistes Gottes in Toronto, Kanada eine wichtige prophetische Rolle spielte. Als mir bewusst wurde, dass Marc und ich an der gleichen Konferenz teilnehmen würden, freute ich mich auf die Gelegenheit, ihn besser kennenzulernen.

Seit dieser ersten Begegnung zwischen uns sind viele Jahre vergangen und seine prophetische Gabe wie auch seine Freundschaft haben mein Leben stark geprägt. Das Erste, was mir an ihm auffiel, war sein natürlicher Umgang mit dem Prophetischen. Er macht weder ein grosses Aufsehen um seine Person, noch versucht er, sich selbst darzustellen, was oftmals die Glaubwürdigkeit von Menschen im geistlichen Dienst schwächt. Zweitens hat er das Herz eines Dieners und zeigt eine grosse Liebe für die Gemeinde. Schnell war mir klar, dass er seine Gabe einsetzte, um Gläubige zu ermutigen, in ihrer Beziehung zu Gott zu wachsen.

Nachdem ich sein Buch «Gottes Freund werden» gelesen habe, kann ich verstehen, wie Marc es geschafft hat, sich dem augenscheinlichen «Wow-Effekt», der mit dem Prophetischen einhergeht, zu entziehen und seine Gabe nicht durch Selbstvermarktung zu vergiften. Er ist Gottes Freund geworden. Und keine Diensterfahrung wird diese Innigkeit, die er mit Gott geniesst und die so kostbar ist, beeinträchtigen können. Im Vergleich dazu verblasst alles andere. Diejenigen, die den Fehler begehen, den Dienst über die persönliche Beziehung zu Gott zu stellen, gebrauchen in aller Regel unbeabsichtigt ihre Gabe, um ihr Selbstwertgefühl durch das zu steigern, was sie für Gott tun. Sie empfangen ihre Bestätigung nicht durch ihre Beziehung zu Gott, darum müssen sie an anderer Stelle danach suchen. *Leistung* (für Gott) wird einem jedoch niemals geben, was einzig und allein durch *Annahme* (von Gott) empfangen werden kann. Marc ist ein gutes Beispiel für jemanden, der das richtig macht. Und mit das Beste, was ich über ein Buch sagen kann, ist: Hier geht es nicht nur um Theorie, hier wird ein Lebensstil beschrieben.

Stellen Sie sich einmal den Kapitän eines Schiffes vor – ohne Ruder und mit gesetzten Segeln –, der in unbekannte Gewässer steuert. Und stellen Sie sich nun weiter vor, wie dieser Kapitän den Kurs, in den der Wind ihn leitet, aufzeichnet, sodass andere folgen können. Im Grunde hat Marc genau das getan. Der Geist Gottes hat ihn über Jahre schwerpunktmässig in Richtung Beziehung geführt. Und selbst wenn seine Reise noch nicht zu Ende ist, hat er doch neues Land für uns alle entdeckt. Glücklicherweise hatte er das Empfinden, den Kurs aufzuzeichnen, damit andere nachkommen können. «Gottes Freund werden» stellt in gewissem Sinne diese Kursskizze dar.

Von daher ist dieses Buch mehr als nur eine gute Lektüre. Es ist ein Aufruf – ein Aufruf von Gott. Eine Freundschaft mit Gott kann jeder Gläubige eingehen, doch nur wenige machen davon Gebrauch. An Wundern, Befreiungen und Bekehrungen werden wir uns immer erfreuen, doch die Freundschaft mit Gott muss uns das Kostbarste sein. Nehmen Sie die Einladung an, Gottes Freund zu werden, und gehen sie das Abenteuer Ihres Lebens ein.

Bill Johnson
Pastor der Bethel Church in Redding, Kalifornien, USA

Autor von «**Und der Himmel bricht herein**»
und «**Was die Welt verändert**»

Einführung

Die Gottesvorstellung selbst ist immer die entscheidendste Frage für eine Gemeinde, und ebenso ist bei einem Menschen nicht das, was er in einem bestimmten Moment sagt oder tut, das Bedeutsamste, sondern seine Auffassung von Gott (A. W. Tozer).

Freundschaft ist wie ein kostbares Juwel, sie ist schwer zu finden und leicht zu verlieren (Wayne Teasdale).

«Ich habe viele Diener, doch nur wenige Freunde», hatte der Herr zu mir gesagt. Nachdem ich fünfzehn Jahre auf der ganzen Welt herumgereist war und auf Hunderten von Gemeindekonferenzen als Sprecher gedient hatte, ging ich seit etwa einem Jahr in meinem Dienst wie auch in meinem persönlichen Leben durch eine kritische Phase. Lange Zeit war ich vier bis fünf Monate im Jahr unterwegs gewesen, um in vielen Teilen der Erde über Gebet, Anbetung, Gottes Stimme kennen, die Gaben des Geistes und unsere Beziehung zu Gott zu lehren. Ich war vor einigen Jahren an einem Punkt angelangt, wo man – verglichen mit der Zeit, als ich angefangen hatte – äusserlich betrachtet durchaus von einem «erfolgreichen Dienst» sprechen konnte. Für viele war ich ein zuverlässiges Sprachrohr, Menschen wurden durch mich ermutigt und ich war anerkannt als jemand, der Einsicht in die Wege Gottes hatte. Auch hatte ich das Vorrecht gehabt, massgeblich an der Ausgiessung des Heiligen Geistes in Toronto, Kanada beteiligt gewesen zu sein – eine der wirklich grossen Bewegungen des Geistes Gottes in der jüngeren Kirchengeschichte. Und doch nahm ich seit ungefähr einem Jahr eine Art inneren Bankrott in mir wahr, und das Ganze schien sich zu verstärken.

Dieses überwältigende Gefühl der Leere hatte nichts mit meinem Dienst zu tun. Im Hinblick darauf war alles im grünen Bereich. Die Treffen und die Konferenzen liefen sehr gut und schienen viel Frucht hervorzubringen. In meiner Ehe und Familie wie auch gesundheitlich war alles in Ordnung. Von aussen gesehen war alles wunderbar. Doch was ich nicht länger leugnen konnte, war dieses zunehmende Gespür, irgendwie zu kurz kommen. Mir war klar, dass es kein physischer oder emotionaler Burnout war, denn ich hatte bereits Jahre zuvor ein ernsthaftes Problem mit chronischer Ermüdung gehabt. Es schien so, als ob mein Lebenshaus erschüttert würde, und zum ersten Mal in vielen Jahren nahm ich Risse im Fundament wahr. Theologisch wusste ich: Gott ist nicht nur treu; er ist der, den meine Seele liebt. Dieser Glaube verbunden mit der biblischen Sichtweise, dass Gott souverän ist, halfen mir zu verstehen: Welche Leere sich auch immer in meiner Seele auftat, Gott liess das Ganze in diesem Moment zu.

Ist jemand bereit zu hören?

«Siehe, ich stehe an der Tür und klopfe an; wenn jemand meine Stimme hört und die Tür öffnet, zu dem werde ich hineingehen und mit ihm essen und er mit mir», sagte Jesus zu der Gemeinde in Laodizea, wie wir in Offenbarung 3,20 nachlesen können. Unzählige Evangelisten haben diese einladenden Worte bei der Verkündigung des Evangeliums zitiert. Jesus adressierte sie jedoch nicht an die Verlorenen oder die Kirchenfernen. Er brachte hier sein Verlangen nach einer tiefen Freundschaft mit seinen bestehenden Nachfolgern zum Ausdruck.

Ich glaube, dass der Geist Gottes diese Einladung an das Volk Gottes in den zwei Jahrtausenden, seit Jesus sie ausgesprochen hat, beständig wiederholt hat. Und diese Einladung geht auch heute von Gottes Herz an die Gemeinde aus. Selbst wenn die Herausforderungen, denen wir heute gegenüberstehen, vielschichtiger sein mögen als die der Gemeinde vor zweitausend Jahren, unterscheiden sie sich im Grunde genommen nicht wirklich von dem, womit die frühen Gläubigen sich konfrontiert sahen. Was oder möglicherweise wer wird unser Herz regieren? Die Segnungen Gottes; der Dienst, den wir von Gott empfangen, oder Gott selbst?

Wer hat Ohren, um zu hören, was der Geist den Gemeinden heute sagt? Weil wir Theologie und Lehre stark betonen, ergreifen wir Wahrheiten über Gott. Doch verstehen wir in unserem Herzen tatsächlich das Herz Gottes?

Wie viele von uns wollen nicht nur ein Leben führen, in dem wir versuchen, christlichen Prinzipien und Moralvorstellungen gerecht zu werden, sondern darüber hinaus anfangen, die Realität einer Beziehung mit Christus zu erfahren? Dieser Frage müssen wir uns stellen, denn bei der Einladung Jesu ging es nicht so sehr um eine theologische Wahrheit, um Glauben oder um eine Überzeugung, sondern es war und es ist eine Einladung zu einer grossartigen Freundschaft. An der Stelle mögen einige mit der typisch evangelikalen Warnung kommen: «Moment mal, wir sollen unser Leben doch nicht auf unsere Gefühle gründen!» In diesem Buch beschäftigen wir uns allerdings nicht mit Gefühlen, sondern mit unserem von Gott geschenkten Geburtsrecht in Christus, den Geist Gottes in unserem Leben zu spüren bzw. wahrzunehmen und zu kennen. Der Apostel Paulus erklärte: *«Denn so viele durch den Geist Gottes geleitet werden, die sind Söhne Gottes»* (Römer 8,14).

Viele werden erwidern: «Leitet Gott nicht durch Umstände?» Sicherlich gebraucht Gott Umstände, um uns zu gewissen Zeiten in unserem Leben zu leiten. Vor allem aber möchte er, dass wir eine Beziehung zu ihm als seine Söhne und Töchter durch den Heiligen Geist führen, den Paulus als den «Geist der Sohnschaft» bezeichnete. Wir sollten nicht vergessen, dass sich die Helden der Bibel wie Abraham, David, Gideon, Samuel und insbesondere Jesus bei allen wichtigen Entscheidungen in ihrem Leben auf eine erfahrbare Beziehung zu Gott stützten wie auch auf die zeitlosen Wahrheiten und Verheissungen Gottes.

Jesus selbst, der vom Geist geleitet wurde (Matthäus 4,1; Lukas 4,1), verhiess, uns den «Beistand» zu senden (Johannes 14,26). In anderen Übersetzungen wird der Heilige Geist auch als «Helfer» bezeichnet oder als «Tröster», was mir besonders gut gefällt. Er ist derjenige, der uns auf sehr persönliche Weise Gottes Frieden und Freude in unserem Herzen schenkt. Und er ist derjenige, der uns nicht nur in die Wahrheit über Gott führt, sondern der uns hilft, dass die Wahrheit selbst in uns Gestalt annimmt. Und das schliesst seinen konkreten Willen für unser Leben mit ein. Die Hauptaufgabe des Heiligen Geistes ist es jedoch, uns den Vater und Jesus als Person zu offenbaren. Das Herz Gottes für jeden Einzelnen von uns ist, dass wir unser Leben nicht nur auf die Wahrheit gründen, sondern dass unser Leben mit der Wahrheit selbst erfüllt ist!

Jesu Bitte, in die Gemeinde von Laodizea hineingehen zu dürfen, deutet – wie die meisten der aufgezeichneten Worte und Begebenheiten Jesu – auf die wichtigste theologische Wahrheit im Hinblick auf die Person Gottes hin, nämlich auf sein Wesen oder mit anderen Worten: auf sein Herz. Gott ist Liebe, wie der Apostel Johannes in seinem ersten Brief schrieb. Und obgleich alle Eigenschaften und Attribute Gottes für den Menschen von entscheidender Bedeutung sind, überragt diese eine doch alle anderen. Liebe ist der Grundwesenszug Gottes. Liebe durchdringt und prägt alles, was er tut. Ein entschiedener Calvinist könnte hier widersprechen und sagen: «Gott ist ganz gewiss souverän, und das ist wichtig zu verstehen.» Ein Erweckungsprediger könnte ausrufen: «Gott ist heilig, und der Lohn der Sünde ist der Tod.» Diejenigen, die den Armen im Namen Jesu dienen, könnten sagen: «Glaube ohne Werke ist tot.» Und ich stimme sicherlich all diesen Aussagen zu. Wenn wir jedoch über die Attribute Gottes sprechen, ist es sein Herz, welches seine Souveränität, seine Heiligkeit, seine Barmherzigkeit und in der Tat alles, was er tut und sagt, bestimmt, beeinflusst und prägt!

Seine Liebe macht weder seine Heiligkeit noch seine Autorität ungültig. Obgleich er durch und durch heilig ist und Sünde sowie Sünder in seiner Gegenwart nicht bestehen können, liebt er die Sünder so sehr, dass er Jesus sandte, um am Kreuz für sie (uns) zu sterben. Und wie das Kreuz beweist, ist es nicht sein Wille, dass irgendjemand verloren geht oder in die Hölle kommt, auch wenn viele ihn verlästert und anderen unsagbar Böses angetan haben (1. Timotheus 2,4). Die Geschichte von Jona veranschaulicht auf wunderbare Weise, wie Gott alle Möglichkeiten ausschöpft, um nicht das Gericht vollstrecken zu müssen, das seine Heiligkeit einfordert. Jona war ein zögerlicher Prophet, den Gott in die Stadt Ninive, in der die Bosheit überhandgenommen hatte, sandte. In seiner Souveränität erklärte Gott, er würde die Stadt wegen ihrer Sündhaftigkeit zerstören. Dennoch sehen wir, wie Gott seine souveränen Absichten umkehrte, weil der Ruf der Stadt nach «Barmherzigkeit» sein Herz berührte. In Jona 3,10 lesen wir: *«Und Gott sah ihre Taten, dass sie von ihrem bösen Weg umkehrten. Und Gott liess sich das Unheil gereuen, das er ihnen zu tun angesagt hatte, und er tat es auch.*» Ein Calvinist würde argumentieren, Gott habe in seiner Allwissenheit (Vorkenntnis) und Souveränität (vollständige Kontrolle) im Vorhinein gewusst, dass die Menschen in Ninive Busse tun würden; also habe er in der Tat die ganze Zeit geplant, ihnen zu vergeben. Ich stimme damit überein, dass Gott im Voraus wusste, sie würden Busse tun. Doch Tatsache ist: In seiner Liebe gab er ihnen die Möglichkeit, zu reagieren und sein Herz zu berühren.

Was also möchte dieser gewaltige Gott, der sich selbst «Ich bin» nennt, von Ihnen und von mir? Mit einem Wort: Liebe. Was aber bedeutet dieses Wort tatsächlich in einer Kultur, in der Menschen Lust mit Liebe verwechseln und oftmals mehr ihrer Arbeit oder ihrem Sport hingegeben sind als ihrem Ehepartner, dem sie einmal versprochen haben, ihn bis ans Ende zu lieben? Für Gott bedeutet Liebe Freundschaft – eine Freundschaft, die so tief ist, dass seine Gegenwart und sein Wille zu unserem Ein und Alles werden und uns mehr bedeuten als jede andere Person, jede Sache und jede Aktivität.

Viele Diener, doch nur wenige Freunde

«Ein Bild sagt mehr als tausend Worte» ist nicht nur unter Journalisten ein bekanntes Sprichwort. Ich habe herausgefunden, wenn Gott spricht, auch wenn es nur ein einziger Satz oder ein einziger Vers aus der Bibel ist, besagt das ganz viel. Als Gott zu mir sprach: «Ich habe viele Diener, doch nur wenige Freunde», war mir augenblicklich klar, was er im Kern damit meinte. Mir war auch klar, dass es Zeit in Anspruch nehmen würde, wenigstens einige Jahre, um zu verstehen, was er in mir bewerkstelligen wollte.

Als ich diese Worte in meinem Herzen hörte, wusste ich sofort: Ich unterschied nicht mehr zwischen den Zeiten, in denen ich Gott auf der ganzen Welt diente, und den Zeiten, in denen ich mit ihm allein war. Ich realisierte auch, die meiste Zeit, die ich mit Gott im Gebet, beim Bibellesen und Meditieren verbrachte, war mehr darauf ausgerichtet, Dinge von ihm zu bekommen, anstatt einfach nur Zeit mit ihm zu verbringen, weil ich ihn liebte. Aus Gottes Sicht war an der Tatsache, dass ich Zeit im Gebet verbrachte, um ihn wirken zu sehen, nichts auszusetzen. Ich hatte viel für den Dienst, die Familie, Freunde und verschiedene Situationen gebetet. Doch die bittere Wahrheit war: Ich hatte die Person Gottes zugunsten der Dinge Gottes vernachlässigt. Ich war mehr mit meinem Dienst an Menschen beschäftigt gewesen als mit meinem Dienst an ihm. Ich war mehr darauf fokussiert gewesen, seine Hand und seine Segnungen zu sehen als sein Angesicht und seine Herrlichkeit. Ich hatte gelernt, wie Martha zu dienen, was gut war. Doch ich hatte Marias Dienst aus den Augen verloren – nämlich die Gegenwart Gottes über alles zu lieben. Bedauerlicherweise ging es mir mehr um den Missionsbefehl als um Gottes erstes Gebot.

Ein Lebensabschnitt, der anfänglich einem schlimmen Bankrott gleichzukommen schien, begann sich in die segensreichste Zeit umzukehren, die ich jemals erlebt hatte, seit ich Christus vor etwa fünfundzwanzig Jahren begegnet war. Und heute, viele Jahre später, bin ich frei von einem Joch der Sklaverei, welches ich unwissentlich lange Zeit im Dienst getragen hatte. Inzwischen kämpfe ich nicht mehr mit der ständigen Herausforderung, zu versuchen, alles im Dienst richtig zu machen, sondern ich geniesse das Ganze und erfreue mich daran, Gott wirken zu sehen. Und was noch viel besser ist: Ich bin mir der Anerkennung Gottes bewusst, unabhängig davon, was ich tue. Statt ein Sklave der Furcht zu sein, der andauernd versucht, alles perfekt zu machen, bin ich von einer Ruhe erfüllt, wie Abraham sie besass, dem Gott sich nahte und ihn Freund nannte! Mein Lebensziel und der Schwerpunkt meines Dienstes ist nun, Gottes Freund zu werden!

Kommt her zu mir, ihr alle, die ihr beladen seid, und nehmt mein Joch auf euch. Ich möchte euch meine Sanftmut und meine Freundlichkeit zeigen. Denn mein Joch ist sanft, und meine Last ist leicht (Jesus von Nazareth – Zimmermann und Herr und Retter dieser Welt).

Kapitel 1

Gott begegnen

In den letzten Jahrzehnten haben Wissenschaftler, Ärzte, Soziologen und Futuristen Vorhersagen darüber angestellt, wie sehr sich unser Leben verändern wird, wenn wir mehr über die menschliche Genetik erfahren und damit arbeiten. Genauso wird sich, wie ich glaube, das Leben in der Gemeinde verändern, wenn wir anfangen, uns mit unserer geistlichen Genetik auseinanderzusetzen und uns in unsere Berufung hineinzubewegen. Sprich: Wenn wir lernen, uns nach der Gegenwart Gottes auszustrecken und eine Beziehung mit ihm zu unterhalten.

Von dem Moment, wo die meisten Menschen zum ersten Mal das Evangelium hören, wie auch im späteren Gemeindealltag werden sie zu «christlichen Konsumenten» erzogen. Das heisst, die Betonung liegt meist nicht darauf, was sie geben können. Stattdessen werden sie immerzu ermutigt, Nehmer und nicht Geber zu sein.

Auch geht es bei der Verkündigung des Evangeliums heute allzu oft nur darum, vor der Hölle bewahrt zu werden. Nur wenige Evangelisten fordern ihre Zuhörer noch auf, die Kosten zu überschlagen und ihr Leben dem König der Könige und dem Herrn der Herrn hinzugeben.

Viele Pastoren und Prediger bestätigen Menschen zudem in dem Denken «Nehmen ist besser als geben», wenn sie ständig über den Wohlstand sprechen, der uns zur Verfügung steht. Was für ein Gegensatz zu Charles Finney, dem Erweckungsprediger aus dem 19. Jahrhundert! In vielen seiner Veranstaltungen wartete Finney, obgleich die Leute überwältigt waren von Tränen und Gefühlen, bevor er mit ihnen betete und sie Christus in ihr Leben aufnahmen. Er war davon überzeugt, dass es wichtig sei zu warten, bis sie eine Offenbarung von ihrer eigenen Sünde und der Heiligkeit Gottes hatten. Bekehrte sollten die unvorstellbare Gnade, die sie von Christus empfingen, verstehen – diese Gnade, die sie befähigte, ihr Leben selbstlos hinzugeben und ihm ähnlich zu werden. Wie sehr unterscheidet sich das von dem heute häufig anzutreffenden Verständnis von Gnade – dass wir tun können, was wir wollen, und einfach so davonkommen, weil wir ja «errettet» sind und in den Himmel kommen!

Unsere Konsumhaltung äussert sich darin, wie wir uns über den Gottesdienst am Sonntag auslassen. Wir kritisieren die Predigt des Pastors und vergleichen sie mit anderen. Wir urteilen über die Lobpreisband und die Auswahl der Lieder. Wir beklagen uns, wenn wir nicht die gewünschte geistliche Nahrung bekommen oder nicht von Gott berührt werden, wie wir es uns erhofft hatten. Wie wir Gemeinde verstehen, lässt sich vergleichen mit dem Besuch in unserem Lieblingsrestaurant – wir wissen, was wir wollen, wie wir es wollen und wann wir es wollen! Und wehe dem armen Prediger, der «heikle» Themen anspricht und sich damit in unser persönliches Leben einmischt.

Sind wir in der Lage, den Sonntagsgottesdienst aus Gottes Blickwinkel wahrzunehmen? Dem Gott, der uns so sehr liebt, dass er seinen einzigen Sohn für uns hingab? Dem Gott, der aktiv nach Anbetern sucht, die ihn im Geist und nicht nur mit biblisch korrekten Liedern anbeten? Sind wir in der Lage, uns in David hineinzuversetzen, der sang: *«Ich will dich preisen, wenn die Gemeinde sich vor dir versammelt, umgeben von vielen Menschen will ich dich loben»* (Psalm 35,18; NGÜ)? David, der schrieb: *«Ich freute mich, als sie zu mir sagten: ‹Wir gehen zum Haus des HERRN!›»* (Psalm 122,1)?

Eine Zeit der prophetischen Wiederherstellung

Im Jahr 1987 gab der Herr mir, wie ich glaube, ein prophetisches Wort für das folgende Jahrzehnt. Er sagte, die 90er-Jahre würden eine Zeit der prophetischen Wiederherstellung für viele Christen und Gemeinden werden. Damit meinte er nicht, dass alle Christen anfangen würden zu weissagen, sondern dass viele eine neue Ebene der Intimität in ihrer Beziehung mit Gott erfahren und dass Gebet und Anbetung – die beiden Flügel der Gemeinde – für viele Christen und Gemeinden zu einem Ausdruck ihres Herzens werden und weniger ein religiöses Ritual darstellen würden. Für viele Gemeinden in der westlichen Welt hat sich das ganz sicher bewahrheitet. In den 90er-Jahren wurde in einem bis dahin nicht gekannten Ausmass gebetet und gefastet, denn für viele Leiter im Leib Christi wurde die Stelle in 2. Chronik 7,14 zu einem Rhema-Wort für die Kultur, die Stadt und die Nation, in der sie lebten. Ebenso bemerkenswert waren die gewaltigen Fortschritte im Lobpreis- und Anbetungsbereich. Viele der Debatten in den 70er- und 80er-Jahren, wo es darum ging, ob man nun traditionelle Hymnen oder moderne Lobpreislieder singen sollte, verstummten. Anstelle eines förmlichen, zwanzig Minuten andauernden trockenen Gesangs, der von einem Klavierspieler oder Organisten begleitet wurde, begannen zahlreiche Gemeinden, sich Zeit in der Anbetung zu nehmen und nicht nur Lieder über Gott und seine Verheissungen, sondern zu dem Herrn selbst zu singen. Auch wenn die Trennlinie für einige subtil sein mag, ist dies in den Augen Gottes von entscheidender Bedeutung. Für ihn heisst es, dass wir nicht nur dankbar sind für die Segnungen und Verheissungen, die wir gerade empfangen, sondern dass wir uns danach sehnen, sein Herz zu berühren – wie Maria es tat, als sie das kostbare Salböl zu seinen Füssen ausgoss (Johannes 12,3), oder wie die Frau im Haus von Simon dem Aussätzigen. In Markus 14,3 lesen wir:

«Und als er in Betanien war, in dem Hause Simons des Aussätzigen, kam, während er zu Tisch lag, eine Frau, die ein Alabasterfläschchen mit Salböl von echter, kostbarer Narde hatte; sie zerbrach das Fläschchen und goss es aus auf sein Haupt.»

Wir haben gelernt, Anbetung nicht länger als eine Routine anzusehen, sondern bildlich gesprochen das Alabasterfläschchen unseres Herzens aufzubrechen und über die Füsse Jesu auszugiessen, weil dies einen Wohlgeruch und ein kostbares Opfer für ihn darstellt.

All das waren entscheidende Durchbrüche, doch ich empfinde, Gott ruft die Gemeinde in dieser Zeit erneut auf, die unerforschliche Grösse Gottes, wie es in den Psalmen heisst (Psalm 145,3), tiefer zu erfassen. Wir waren stark darauf fixiert, uns von ihm dienen zu lassen. Jetzt fordert er uns auf, zu lernen, wie wir ihm dienen können. Viele von uns wollten zudem leidenschaftlich gern, anderen Menschen dienen. Wenn wir jedoch sehen wollen, dass sich der Missionsauftrag in unserer Zeit erfüllt, müssen wir zunächst lernen, das erste Gebot zu erfüllen – nämlich ihn zuerst mit unserem ganzen Herzen zu lieben. Und aus dem Überfluss an Strömen lebendigen Wassers, die dann aus unserem Innersten hervorkommen, können wir anderen Menschen dienen. Kurz gesagt: Gott lädt uns ein, herauszufinden, wie wir zu seinen Freunden werden können. Und diese Freundschaft soll über allem anderen stehen.

Verschwenderische Anbetung

Die Wurzeln des Judaismus und des Christentums reichen zurück auf den, den wir «Vater Abraham» nennen. Die Geschichte, wie Abraham zum Vater von Nationen wurde, ist schon recht erstaunlich. Insbesondere wenn wir uns vor Augen halten, dass zu dem Zeitpunkt, wo Abraham und Sara ein Kind bekamen, Sara aufgrund ihres hohen Alters bereits viele Jahre unfruchtbar gewesen war. Obgleich Gott ihnen verheissen hatte, ihre Nachkommen so zahlreich wie die Sterne am Himmel zu machen, hatten sie als Ehepaar noch keinen einzigen Nachkommen hervorgebracht, und sie waren nun weit über das Alter hinaus, wo man noch Kinder zeugen konnte.

Ich glaube, dies ist ein gutes Bild, welches beschreibt, wo viele Christen und Leiter von Gemeinden heute stehen. Wir haben das prophetische Wort, dass eine grosse Ernte in unseren Städten eingebracht werden wird. Trotz all dieser Verheissungen und aller Anstrengungen unsererseits scheinen wir jedoch weiter als jemals zuvor von den gewaltigen Durchbrüchen entfernt zu sein, die unsere Städte und Nationen verändern werden. Und hier stossen wir auf eine wichtige Wahrheit, die von der heutigen Gemeinde wiederentdeckt werden muss: Was wir als verschwenderisch und völlig unproduktiv ansehen, ist oft das Effektivste, was wir tun können. Zeit, Energie und Mittel einzusetzen, um einfach nur anzubeten, statt zu evangelisieren, zu lehren und zu predigen, steht in starkem Widerspruch zu unserer zweckorientierten Sichtweise von Gott und seinem Reich. Für Abraham und Sara erwies sich das, was wie eine kostspielige Verschwendung von Zeit und Mitteln aussah, am Ende als die offene Tür, durch die sie in die grossartigen Verheissungen Gottes für ihr Leben hineinkamen.

Zeit mit Gott verbringen

In 1. Mose 18 lesen wir, wie Abraham, der sich am Eingang seines Zeltes ausruhte, aufschaute und den Herrn vorübergehen sah. Wenn wir als Gemeinde heute von dem Denken «Je beschäftigter, desto besser» geprägt sind, hat das einen gefährlichen Nebeneffekt. Wir haben dann nur wenig Zeit, «aufzuschauen» und den Herrn zu sehen. In einer Zeit, in der Menschen sofortige Befriedigung suchen, sind «Instant-Erweckungen» und «Fast-Food-Gottesdienste» gefragt. In dem sogenannten Informationszeitalter ist uns zwar alles zugänglich, doch haben wir die Kunst verloren, Beziehungen zu pflegen. Zu leicht wird Erfahrung durch Wissen und Praxis durch Prinzipien ersetzt. Und da wir uns so sehr von der Tyrannei des Dringlichen bestimmen lassen, ist uns oftmals nicht bewusst, dass das, was wir in unseren Köpfen für wahr halten, nicht mit der Wahrheit in unserem Inneren übereinstimmt (Psalm 51,8). In einer Zeit des kurzlebigen Ruhms, ist es eine Sache, jemanden zu kennen, doch es ist eine völlig andere Sache, der Freund dieser Person zu sein. Seinen Freunden tut Gott seine Pläne und Absichten kund. Und diejenigen, die Zeit mit Gott verbringen, weil sie sich an ihm erfreuen, werden zu seinen Freunden.

Wir wollen uns einmal zwei der stärksten prophetischen Stimmen aller Zeiten anschauen – den Propheten Samuel und den Apostel Johannes, der das Buch der Offenbarung empfing – und uns fragen, was die Grundlage ihrer innigen Beziehung zu Gott war. Für Samuel öffnete sich der Bereich der Offenbarung, als er als Junge im Tempel in der Nähe der Bundeslade schlief, wo Gottes Herrlichkeit wohnte. Währenddessen hörte er zum ersten Mal, wie Gott ihn bei seinem Vornamen rief (1. Samuel 3,3–4). Wenn wir – um es einmal so auszudrücken – von Gott mit Vornamen angesprochen werden möchten, müssen wir lernen, entspannt Zeit mit ihm zu verbringen. Ansonsten stehen wir in der Gefahr, aussen vor zu bleiben. Von Johannes wissen wir, dass er des Öfteren seinen Kopf an die Brust von Jesus lehnte, während er mit seinen Jüngern zusammen war. Insbesondere für Männer mag das etwas zu intim anmuten. Von den zwölf Jüngern, die später zu den apostolischen Vätern der frühen Gemeinde wurden, hatte Johannes allerdings die grössten Offenbarungen. Aus dieser Position der Intimität empfing er die gewaltige Vision über die Majestät Christi – wir nennen es das Buch der Offenbarung. Petrus fragte häufiger Johannes, was Jesus genau meinte (Johannes 13,24). Wenn Sie wissen wollen, was in der Gemeinde vor sich geht, lesen Sie den Gemeinde-Rundbrief und hören Sie sich die Bekanntmachungen an. Wenn Sie jedoch wissen wollen, was im Reich Gottes vor sich geht, nehmen Sie sich Zeit mit Jesus.

Abraham «schaute auf» aus einer Position der Ruhe und sah den Herrn in Gestalt von drei Männern vorübergehen. Lassen wir uns von der Tyrannei des Dringlichen bestimmen, haben wir keine Zeit, auf irgendetwas anderes zu schauen als das, war unmittelbar vor Augen ist. Wir neigen dazu, uns immer auf die dringlichste Aufgabe zu konzentrieren. Doch wie heisst es so schön: «Wenn wir etwas sehen wollen, was wir noch nie zuvor gesehen haben, müssen wir etwas tun, was wir noch nie zuvor getan haben.» Und bevor wir etwas tun können, was wir noch nie zuvor getan haben, müssen wir es oftmals erst in unserem Geist oder in unseren Gedanken sehen. Bei mehr als einer Gelegenheit ermutigte Gott Abraham, als er ihm eine Vision geben wollte, seine Augen zu den Sternen zu erheben – etwas Zeitlosem, ausserhalb dessen, was ihn gerade beschäftigte. Albert Einstein, der wohl grösste Denker des 20. Jahrhunderts, machte folgende Aussage im Hinblick auf das Entdecken: «Fantasie ist wichtiger als Wissen.» Er sagte darüber hinaus: «Die entscheidenden Probleme, denen wir uns gegenübersehen, können wir nicht auf der gleichen Ebene des Denkens lösen, auf der wir sie geschaffen haben.»

Jeder Christ, der sich danach sehnt, Gottes Reich in seinem Leben, in seiner Stadt und Kultur durchbrechen zu sehen, muss sich Zeit nehmen, um mit den Ohren seines Herzens zu hören und mit den Augen seines Herzens zu sehen. Einfach nur zu tun, was wir bisher getan haben, oder zu sehen, was wir bisher gesehen haben, wird nicht zu mehr Fruchtbarkeit führen – selbst wenn wir zu absoluten Workaholics würden. Wenn wir tatsächlich ein Leben führen wollen, wie es Jesus vorgelebt hat, dann müssen wir anfangen zu lernen, uns mit Dingen auseinanderzusetzen, die unseren Verstand übersteigen. Biblisch gesprochen bedeutet das schlicht und einfach, vom Heiligen Geist geführt zu werden. Ich nenne es, die «Vorstellungskraft des Geistes» einzusetzen. Der entscheidende Unterschied zwischen der Vorstellungskraft der Seele und der des Geistes ist: Bei Ersterem sind wir im Natürlichen schöpferisch tätig, während bei Letzterem der Heilige Geist am Arbeiten ist. Die beiden Begriffe, die im Alten Testament gewöhnlich für Propheten gebraucht wurden, waren *naba* und *zyid*. *Naba* stand für einen wahren Propheten Gottes und bedeutet, dass Dinge «entspringen» oder «hervorkommen». *Zyid* wurde für einen falschen Propheten verwendet und bedeutet, Dinge «zu erfinden» oder «sich auszudenken». *Naba*-Propheten empfingen Dinge vom Heiligen Geist. *Zyid*-Propheten dagegen gaben lediglich ihre persönlichen Eindrücke weiter.

Um das zu veranschaulichen, bitte ich Sie einmal, sich zwei leere Leinwände vorzustellen. Die erste steht für die Leinwand unserer Seele, die zweite für die Leinwand unseres Geistes. Wenn wir uns vornehmen, eine Zeichnung, ein Gedicht oder etwas weniger Abstraktes wie ein Menü zum Abendessen zu kreieren, nutzen wir die von Gott gegebene Gabe der Vorstellung. Wie viele andere Gaben auch kann sie einem guten wie auch einem schlechten Zweck dienen. Der menschliche Geist bedient sich ebenso einer Leinwand oder der Kraft der Vorstellung, um es einmal so auszudrücken. Auf dieser Leinwand schreiben, malen oder arbeiten wir nicht. Der «Geist der Weisheit und Offenbarung» – wie der Apostel Paulus ihn in seinem Brief an die Epheser nennt – bedient sich ihrer, damit wir Gott den Vater erkennen (Epheser 1,17). Offensichtlich sprach Paulus hier nicht von der anfänglichen Gabe des Heiligen Geistes selbst, denn er schrieb an Christen, von denen jeder bereits den Geist Gottes in sich hatte. Er nahm also Bezug auf eine Gabe des Heiligen Geistes.

Da in vielen Gemeinden in der westlichen Welt ein eher eindimensionales geistliches Verständnis von Gott vorherrscht, sind wir in der Regel etwas skeptisch, wenn von «Geistern» die Rede ist. Das Neue Testament verwendet den Begriff «Geist» auf unterschiedliche Weise. Manchmal ist damit ein geistliches Wesen gemeint, wie beispielsweise ein Engel Gottes oder auch ein «dämonischer Geist». Als Paulus den Ephesern schrieb, sprach er allerdings nicht davon, sich nach einem anderen Geist – wie einem geistlichen Wesen – auszustrecken, sondern nach einer Gabe von Gott, durch die wir geistliche bzw. den Verstand übersteigende Erkenntnis erlangen und auf geistlicher Ebene kommunizieren können. Jesus sagte zum Beispiel seinen Jüngern Petrus, Jakobus und Johannes in Matthäus 17, dass der Prophet Elia nicht nur kommen würde, sondern bereits gekommen sei. Was genau meinte er damit? Sprach er von der Person Elias? Nein, sondern wie Elisa den «Geist Elias» empfangen hatte, um den Dienst Elias fortzuführen, würde auch die Gabe und das Herz Elias wieder sichtbar werden – was sich in dem Leben von Johannes dem Täufer zeigte, der kam, um Jesus, dem Messias, «den Weg zu bereiten».

Die Gemeinde in der westlichen Welt ist heute im Hinblick auf biblische Theologie und Lehre relativ reich. Wenn es jedoch um Herzenswissen über Gott geht und darum,

«Ohren zu haben, was der Geist der Gemeinde sagt», sind wir so gut wie bankrott. Wir haben offensichtlich Zeit für all die Lehre, die Predigten und das Training, doch nicht dafür, «auf den Herrn zu warten». Wir haben Zeit und Kraft für alle möglichen Dienste an Menschen – aber wie steht es mit der Zeit, der Kraft und der Entschlossenheit, Gott als Person zu suchen? Genau das tat Abraham. Aus der Position der Ruhe war er in der Lage, zu sehen und der Gegenwart Gottes entgegenzulaufen.

Unsere heilige Bestimmung erfüllen

Wenn wir eine Berührung oder ein Wort von Gott «empfangen», stellt das in der Regel kein Ereignis an sich dar. Es ist gewöhnlich eine Einladung, auf Gott und seine Absichten für unser Leben zu reagieren. Ein gutes Beispiel dafür ist der Moment, als sich Petrus, Jakobus und Johannes mit Jesus auf dem Berg der Verklärung befanden. Auf einmal sahen sie Jesus zusammen mit Elia und Mose verherrlicht. Sogleich wollte Petrus drei Hütten bauen, um dieses Ereignis zu zelebrieren.

Die Vision, die Gott ihnen gab, war jedoch nicht als Ereignis gedacht, sondern es war eine Einladung, Jesus deutlicher zu sehen und zu hören. Als sie auf dem Berg von einer Wolke der Herrlichkeit Gottes überschattet wurden, redete Petrus immer noch weiter davon, was er tun wollte. Der Vater jedoch unterbrach Petrus und sagte über Jesus:

«Dieser ist mein geliebter Sohn, an dem ich Wohlgefallen gefunden habe. Ihn hört!» (Matthäus 17,5).

Häufig verpassen wir Gottes Absichten, weil wir derart begeistert sind von dem Ereignis, dass wir gar nicht hören, was Gott eigentlich sagt. Wir verwechseln das Ereignis mit der Einladung! So ergeht es einzelnen Christen wie auch ganzen Gemeinden.

Als Abraham dem Herrn in Gestalt dieser drei Männer begegnete, lief er Gott voller Entschlossenheit entgegen, verneigte sich tief und sagte: *«Herr, wenn ich denn Gunst gefunden habe in deinen Augen, so geh doch nicht an deinem Knecht vorüber!»* (1. Mose 18,3). In all den Jahren, in denen Abraham und Sara mit Gott unterwegs waren, hatten sie mehrere Begegnungen mit Gott als Person. Dieses Ereignis jedoch stellte den entscheidenden Wendepunkt in Abrahams und Saras Leben dar. Inwiefern unterschied sich diese Begegnung mit dem Herrn von all den anderen? Um die Antwort darauf zu finden, müssen wir die Frage stellen: «Was wäre geschehen, wenn Abraham dem Herrn nicht entgegengelaufen wäre, nachdem er gesehen hatte, wie er vorüberging?» Wie wäre das Leben von Mose verlaufen, wenn er, nachdem er vierzig Jahre in der Wüste darauf vorbereitet worden war, das Volk Israel zu befreien, nicht näher herangetreten wäre, um den herrlichen Anblick der manifestierten Herrlichkeit Gottes zu bestaunen?

Er und Abraham hätten ihren Familienangehörigen und Freunden lediglich eine gute Geschichte zu erzählen gehabt. Sie hätten über die Erscheinung Gottes berichten können, die sie aus der Ferne gesehen hatten. Sie entschieden sich jedoch beide, der Gegenwart des Herrn voller Entschlossenheit zu folgen. Für Mose und Abraham, die ja wichtige Vaterfiguren für einen grossen Teil der Menschheit darstellen, waren dies entscheidende Momente in ihrem Leben. Wenn sie sich nicht entschieden hätten, auf die Aufforderung zu reagieren, Zeit mit Gott zu verbringen, wozu er sie einlud, wären sie vielleicht niemals in die heilige Bestimmung, die Gott für sie hatte, hineingekommen. Wie auch in der Warnung an Esther: Wenn sie der Aufforderung nicht gefolgt wären, hätte Gott wahrscheinlich jemand anderen erweckt, um seinem Volk Befreiung zu bringen (Esther 4,14). Es wäre ihr Verlust gewesen, nicht Gottes!

Gott entschlossen entgegenlaufen

Einige von Ihnen kennen vielleicht das Theaterstück «Cyrano de Bergerac». In dieser Geschichte geht es um drei Personen: einen sehr eloquenten, schlauen Liebhaber mit einer riesigen Nase, eine wunderschöne junge Frau mit Namen Roxanne und einen gutaussehenden, naiven jungen Mann. Der junge Mann ist absolut unerfahren und weiss nicht, wie er die junge Frau umwerben soll. Also spricht der ältere Liebhaber in der Dunkelheit der Nacht, während er sich hinter einem Busch verbirgt, an seiner statt, während der junge Mann im Garten vor dem Fenster der jungen Frau steht. In gewisser Weise könnte man sagen, der ältere

Liebhaber, der erfahren und eloquent ist und vertraut mit der Sprache der Liebe, ist ein Bild für den Heiligen Geist, der uns helfen möchte, Gott zu umwerben.

Eine der Hauptaufgaben des Heiligen Geistes im Leben eines Christen ist es, ihn in die ganze Wahrheit zu leiten (Johannes 16,13). Wir müssen uns vor Augen halten, dass es ein grosser Unterschied ist, ob man lediglich Wahrheit kennt oder ob man die Wahrheit in Person kennt! Jesus sagte, der Heilige Geist wird von dem, was sein und was des Vaters ist, nehmen und es uns offenbaren (Johannes 16,14–15). Und wie der Apostel Paulus schrieb, ist der Heilige Geist – der Geist der Sohnschaft – in uns und durch ihn rufen wir aus: «Abba, Vater!» (Römer 8,15). Der Heilige Geist möchte uns unaufhörlich eine immer grösser werdende Offenbarung von Jesus und dem Vater vermitteln. Im Gegensatz zu dem Helden in dem Theaterstück ist der Heilige Geist jedoch völlig erfüllt in seiner Beziehung zum Vater und zum Sohn und hat an nichts mehr Gefallen, als der Braut Christi zu helfen, in eine engere Beziehung zu dem Bräutigam – Jesus – zu kommen.

Der Heilige Geist möchte uns also führen und uns lehren, wie wir beten und anbeten sollen. Wie es in einem bekannten Lobpreislied zum Ausdruck gebracht wird, will er uns an dem bronzenen Altar in der Stiftshütte vorbei in das Allerheiligste zu Gott bringen. Was das Gebet angeht, sagte Paulus, dass wir nicht wissen, wie wir beten sollen, aber *«der Geist nimmt sich unserer Schwachheit an; … der Geist selbst verwendet sich für uns in unaussprechlichen*

Seufzern» (Römer 8,26). Und was die Anbetung betrifft, erklärte Jesus, dass der Vater nach solchen sucht, die im Geist wie auch in der Wahrheit anbeten (Johannes 4,24). Gebet und Anbetung, die beiden Flügel, welche die Gemeinde befähigen, im Geist aufzusteigen und Gott wie auch seine Absichten zu erkennen, waren niemals als Programmpunkt oder Ritual gedacht. Als Jesus den Propheten Jesaja zitierte, wies er einige Anbeter in seinen Tagen zurecht, weil ihre Anbetung ein reines Lippenbekenntnis darstellte, indem sie die Gebote Gottes durch ihre eigenen Lehren ersetzten (Markus 7,6–7).

Liebe ist eine Kunst; sie ist kein Ritual und hat auch nichts mit Routine zu tun – das wusste der ältere, erfahrene Liebhaber von Roxanne. Ungeachtet aller religiösen Programme, die in Gemeinden häufig veranstaltet werden – Gott ist der absolute Romantiker. Jesus ist der wahre «Märchenprinz», der im übertragenen Sinn den hässlichen Frosch nicht nur küsste, sondern für ihn starb, um ihn in eine wunderschöne Braut zu verwandeln. Seine ausgestreckten Arme am Kreuz stellen seine Einladung an uns dar. Wenn religiöse Menschen davon hören, wie der Geist Gottes in einer anderen Gemeinde oder einem anderen Land am Wirken ist, ist ihre Reaktion oftmals: «Nun ja, wenn Gott diese Dinge bei uns tun möchte, werden sie einfach geschehen.» Sie haben die geistliche Passion verloren, Gott entgegenzulaufen – ihn leidenschaftlich zu suchen! In Jakobus 4,8 ruft Gott uns zu: «Naht euch mir, und ich werde mich euch nahen.»

Der Heilige Geist sehnt sich danach, uns in die Kunst der Anbetung und der Gemeinschaft mit Gott zu führen. Es beginnt damit, dass wir lernen, dem inneren Drängen, Zeit mit Gott zu verbringen, Folge leisten. Dafür Zeit zu opfern, scheint für viele von uns im 21. Jahrhundert, welches von Geschäftigkeit geprägt ist, zu kostspielig zu sein. Wir haben zwar Zeit für alles Mögliche, doch die eine Person, die uns immer nur das Beste geben kann und will, stellen wir ganz einfach hintenan. «Habe deine Lust an mir», spricht der Herr, «und ich werde dir geben, was dein Herz begehrt» (siehe Psalm 37,4). Gott ist nicht nur willig, uns die Dinge zu geben, die in unserem Herzen sind und die nur er wirklich kennt – er ist auch der Einzige im ganzen Universum, der dazu in der Lage ist. Und alles, wonach er sich im Gegenzug sehnt, ist unser Herz. Hier findet letztendlich ein Kampf zwischen dem Geist des Herrn und dem religiösen Geist statt: Wenn es darum geht, den hohen Preis zu zahlen, unsere Zeit und Kraft mit Gott als Person zu «verschwenden»!

Die Gunst des Herrn

Als Abraham schliesslich in der Gegenwart des Herrn war, bat er ihn um zwei entscheidende Dinge. Als Erstes sagte er: «*Herr, wenn ich denn Gunst gefunden habe in deinen Augen, so geh doch nicht an deinem Knecht vorüber!*» (1. Mose 18,3). Obgleich Abraham den Herrn seit Jahren kannte, suchte er seine Gegenwart mit einer Haltung der Demut und Entschlossenheit. Wenn wir heute eine Botschaft darüber hören, dass wir dem Herrn entschlossen entgegenlaufen sollen, neigen wir dazu, in unseren Herzen selbstgefällig zu reagieren: «Ich bin errettet! Ich kenne den Herrn und bin von Gott gesegnet! Warum sollte ich nach etwas suchen, das ich bereits habe?»

Das erinnert mich an eine Geschichte, in der ein Gemeindemitglied nach der Predigt am Sonntagmorgen genau so reagierte. Der Pastor hatte in seiner Botschaft die Gemeinde leidenschaftlich dazu aufgerufen, mehr Hunger nach Gott zu haben. Die Person erklärte dem Pastor anschliessend: «Ich habe das alles empfangen, als ich errettet wurde. Warum sollte ich Gott um mehr bitten?» Der Pastor überlegte einen Moment und erwiderte: «Wenn du das alles empfangen hast, als du zu Christus gekommen bist, wo um Himmels willen ist es dann?» Um zu verstehen, was er damit meinte, müssen wir uns vor Augen führen, dass es verschiedene Ebenen gibt, wenn wir darüber sprechen, mit dem Heiligen Geist erfüllt zu sein. Für jemanden, der kurz davor ist, in der Wüste durch Verdursten zu sterben, kommt selbst ein kleiner Becher kaltes Wasser einer Oase gleich. Doch Gott möchte, dass Ströme lebendigen Wassers aus unserem Innersten heraus fliessen. Pfingstler und Charismatiker gehen zum Beispiel häufig davon aus, dass sie, weil sie in Sprachen sprechen, «bereits voll sind».

Doch in der Apostelgeschichte lesen wir, wie Petrus auf eine Weise mit dem Heiligen Geist erfüllt war, dass zeitweise

Menschen, auf die nur schon sein Schatten fiel, Wunder erlebten. Wir wissen natürlich: Es war nicht der Schatten von Petrus, der irgendjemanden heilte, sondern es war der Schatten des Einen, unter dessen Flügeln Petrus Zuflucht fand!

Als Nächstes sagte Abraham zu dem Herrn: *«Man hole doch ein wenig Wasser, dann wascht eure Füsse, und ruht euch aus unter dem Baum! Ich will indessen einen Bissen Brot holen, dass ihr euer Herz stärkt; danach mögt ihr weitergehen; wozu wäret ihr sonst bei eurem Knecht vorbeigekommen?»* (Verse 4–5). Im ersten Teil seiner Bitte forderte Abraham den Herrn auf, etwas Zeit mit ihm zu verbringen. In gewisser Weise hielt er den Herrn auf! Der zweite Teil der Bitte gewährt uns einen tiefen Einblick, warum Gott Abraham als seinen Freund bezeichnete (2. Chronik 20,7; Jakobus 2,23). Abrahams Wunsch, der Herr möge Zeit mit ihm und Sara verbringen, gründete sich nicht darauf, irgendetwas von dem Herrn zu erlangen. Es ging ihm schlicht und einfach darum, mit ihm zusammen zu sein. Man könnte auch sagen, Abraham hatte das Verlangen, eine Beziehung mit dem Herrn zu unterhalten!

In einigen evangelikalen Kreisen gibt es bereits seit Längerem eine anhaltende Debatte zum Thema Errettung versus Jüngerschaft. Die Befürworter des Ersteren behaupten, alles geschehe durch Gnade, und wenn eine Person erst einmal Jesus Christus als Retter anerkannt habe, komme sie auch in den Himmel. Das andere Lager argumentiert, Jesus als Retter anzuerkennen reiche nicht aus; schliesslich wüssten selbst die Dämonen, dass er der Sohn Gottes ist!

Nach ihrer Auffassung bedeutet Jesus zum Herrn zu machen, dass jemand auch als ein Jünger Jesu lebt. Erst dann – und nur dann – kann diese Person tatsächlich beanspruchen, «errettet» zu sein.

Ich persönlich glaube, Gott beurteilt das alles noch etwas anders. Die erste und grundlegende Phase im Leben eines Christen ist, Jesus sowohl als Herrn wie auch als Erlöser anzuerkennen. Gehorsam sollte die Frucht einer Offenbarung über die Liebe Gottes sein – nicht ein Preis, den es zu zahlen gilt. Aus dieser ersten Liebe und der Dankbarkeit über die eigene Errettung sollte es auch zu einer Offenbarung kommen, dass Gott ein Herz für andere Menschen hat, insbesondere für die Verletzten, die Zerbrochenen und die Armen. Man kann nicht von sich behaupten, das Herz Gottes zu kennen, wenn man nicht sein Herz für andere Menschen kennt. In dieser zweiten Reifephase beginnen wir den Dienst an anderen und demonstrieren auf diese Weise der Welt Gottes Barmherzigkeit. Es gibt, wie ich glaube, allerdings noch eine dritte Phase in dem Reifeprozess, durch den Gott uns führen möchte. Und hier geht es darum, Gott nicht nur aufgrund dessen zu lieben, was er in unserem Leben und in dem Leben anderer tut, sondern schlicht und einfach aufgrund dessen, wer er ist. Wenn wir diese dritte Phase erreichen, werden wir in der Tat Gottes Freunde.

Sehr viele Menschen in Gemeinden wollen heute mehr von Gott – und das ist gut und auch biblisch. Die Frage ist jedoch: Warum sind sie hungrig nach Gott? Geht es ihnen um die Salbung und die Segnungen Gottes? Geht es ihnen um Gemeindewachstum und darum zu sehen, wie sich das Reich Gottes ausbreitet? Oder ist es vielleicht noch ein anderer Grund, der viel wichtiger ist? Ist es möglich, dass einige nicht nur zu Gott kommen wegen seiner Gaben, sondern wegen ihm als Person? Ist es möglich, dass einige anfangen zu realisieren, worum es in dem ersten Gebot geht, nämlich Gott zuallererst mit dem ganzen Herzen zu lieben? Ist es möglich, dass sich viele, wie Abraham, danach sehnen, Gottes Freunde zu werden? Wenn ja, dann haben diese Menschen erkannt, dass die grösste aller Gaben, die Gott geben kann, er selbst ist!

Ich erinnere mich an ein Interview mit einem Pastor aus Texas, das ich im Januar 1997 las. Zu der Zeit war ich in Helsinki, Finnland, wo ich auf einer Konferenz als Sprecher diente. Es war spät am Abend nach einem Treffen, und während ich meine E-Mails durchging, entdeckte ich dieses Interview. Der Pastor erzählte darin, wie Gott ihm – nach über fünfundzwanzig Jahren im Dienst – offenbart hatte, wie er sein Gebetsleben sah. Im Jahr zuvor hatten Ärzte ihm dringend geraten, sich für eine Weile aus dem Dienst zurückzuziehen, damit sein Herz, das von Stress belastet war, sich erholen konnte. Gezwungenermassen nahm er sich diese Auszeit und blickte dabei betend auf all die Jahre im Dienst zurück. In den ersten zehn Jahren hatte er Gott international als Evangelist gedient. Während dieser Zeit war er sehr diszipliniert gewesen und hatte täglich mehrere Stunden im Gebet verbracht. Während seiner Auszeit erinnerte der Herr ihn daran, wie viel er in diesen Jahren seines Lebens gebetet hatte. Dann sagte er zu ihm: «Es freut mich, dass du so viel gebetet hast, doch du bist niemals zum Herzen des Gebets vorgedrungen.» Er fragte den Herrn darauf: «Was meinst du damit?» Und der Herr erwiderte: «Du hast für Salbung und für Versorgung gebetet, und dass Menschen errettet werden – und das war gut und richtig. Aber du hast niemals Zeit im Gebet verbracht, um einfach nur mit mir zusammen zu sein.» Diese Worte stellten letztlich nicht nur sein Gebetsleben auf den Kopf, sondern auch seinen Dienst und seine Gemeinde. Aus einem treuen Diener des Herrn war ein Freund Gottes geworden!

Den Freunden Gottes schenkt der Herr sein Ohr. Die Freunde Gottes wissen, wie sie zu ihm reden können. Die Freunde Gottes werden, wenngleich sie Liebessklaven sind, zu seinen Partnern, mit denen er seine Absichten verwirklicht. Als Jesus seinen Jüngern in Johannes 15,15 sagte: *«Ich nenne euch nicht mehr Sklaven, denn der Sklave weiss nicht, was sein Herr tut; euch aber habe ich Freunde genannt, weil ich alles, was ich von meinem Vater gehört, euch kundgetan habe»*, lud er sie ein, eine innigere Beziehung mit ihm einzugehen. Indem er ihnen klarmachte, dass sie Liebessklaven waren, gab er ihnen Einblick in die Art von Beziehung, die er mit ihnen suchte. Natürlich waren Respekt und Gehorsam ihrerseits gefragt – doch all das fand in einem freundschaftlichen Rahmen statt. «Mein Freund», sagte Gott zu Abraham, der zu einer Vaterfigur für das Volk Gottes wurde.

«Unterhalten» aus biblischer Sicht

Der Begriff «unterhalten» hat heutzutage für unterschiedliche Menschen unterschiedliche Bedeutungen. Das reicht von der Ausübung von Extremsportarten über Teamsportarten hin zum Anschauen von Filmen, dem Spielen mit persönlichen Gameboys und iPods. «Unterhalten» hat weitreichende Bedeutungen für die vielen verschiedenen Menschen in der westlichen Kultur. In biblischen Zeiten und selbst vor fünfzig Jahre war das Leben sehr viel einfacher. Die Menschen von heute, die nach sofortiger Befriedigung suchen, verstehen unter «unterhalten» jede Form von Beschäftigung, die es ihnen erlaubt, den täglichen Pflichten, dem Stress und der Langeweile zu entfliehen. Insbesondere in Zeiten des Internets, wo man Filme einfach herunterladen kann, ist «unterhalten» nicht mehr gleichbedeutend mit gemeinsamen Aktivitäten, wie beispielsweise zusammen mit anderen zu essen. Oft wird dies als Veranstaltung und nicht mehr als Vorrecht verstanden. Bis vor Kurzem verband man mit dem Begriff noch den Gedanken, Zeit mit Menschen zu verbringen. Und das schloss stets Essen mit ein. Zu besonderen Gelegenheiten, Familienreffen, Urlauben und wenn Freunde und selbst Fremde zu Besuch kamen, fand «unterhalten» hauptsächlich im Esszimmer statt, wo man sich an Mahlzeiten und in dem Zusammenhang auch an der gegenseitigen Gemeinschaft erfreute. Und indem man das tat, begegnete man dem grundlegendsten Bedürfnis eines jeden Menschen – dem nach Essen – und machte aus einem notwendigen Ritual eine Kultur des Feierns. Im Nahen Osten ist auch heute noch das gemeinsame Essen und der Austausch miteinander Teil der Kultur und keine Veranstaltung, wie wir das in der westlichen Welt sehen.

Abraham – der Freund Gottes – war ein Patriarch, der in der Kultur des antiken Orients lebte. Darum ist es wichtig, über die religiösen Bräuche der westlichen Welt im 21. Jahrhundert hinauszuschauen, wenn wir lernen wollen, eine Freundschaft mit Gott zu «unterhalten». Zunächst einmal müssen wir uns bewusst machen: Gott erfreut sich an unserem Menschsein. Er hat den Menschen in seinem Ebenbild geschaffen. Und diese Wahrheit ist nicht nur allgemeingültig – sie gilt für jeden Menschen, der auf dieser Erde lebt. In Psalm 139,13–15 lesen wir, dass Gott uns bereits im Mutterleib als ein einzigartiges und besonderes Abbild seiner selbst geschaffen hat. David, der diesen Psalm geschrieben hat, redet voller Stolz darüber, dass Gott jeden von uns auf eine erstaunliche und ausgezeichnete Weise gemacht hat. Bedauerlicherweise haben religiöse Lehren die evangelikale Gemeinde durchzogen und dazu beigetragen, dass es zu einer Trennung zwischen sogenannten geistlichen und weltlichen Dingen gekommen ist, was nicht biblisch und somit falsch ist. Diejenigen, die hier ein falsches Dilemma aufbauen, haben nicht verstanden, wie sehr sich Gott an unserem Menschsein wie auch an der Welt, auf der wir leben, erfreut. Sie messen unserer Menschlichkeit eine geringe Bedeutung bei und entwerten damit, was Gott liebt und wertschätzt. Dieses Missverständnis hat leider dazu geführt, dass die Gemeinde bestimmte Bereiche des Lebens, wie die Künste und die Medien, der Welt und ihrem Wertesystem überlassen hat, wo Gott nicht verherrlicht wird.

Das scheinbare Spannungsfeld zwischen dem Geistlichen und dem Weltlichen wird auf hervorragende Weise in dem Film «Die Stunde des Siegers» dargestellt. In dieser Geschichte geht es unter anderem um die Liddells, zwei schottische Missionarsgeschwister, die genau damit zu kämpfen haben. Beide verspüren den starken Ruf Gottes, ihre Heimat Schottland zu verlassen und aufs Missionsfeld nach China zurückzukehren, wo sie ihre Kindheit verbracht haben. Die Schwester ist bereit, sofort zu gehen, doch Eric Liddell möchte gern noch länger in Grossbritannien bleiben, um für die kommenden Olympischen Sommerspiele zu trainieren und dort als Läufer teilzunehmen. Die Spannung zwischen ihnen wächst, da die Schwester nicht in der Lage ist, Erics Leidenschaft für die Leichtathletik mit seiner Berufung für die Mission in Einklang zu bringen. Es ist ein klassisches Beispiel für die religiöse Spannung zwischen dem geistlichen und dem säkularen Bereich. In einer entscheidenden Szene konfrontiert sie ihren Bruder mit ihrer Sorge, er vernachlässige Gott, indem er sich entscheide, seine ganze Aufmerksamkeit in diesem Abschnitt seines Lebens auf das Laufen zu richten. Seine brillante Antwort ist, dass er «Gottes Freude spüre, wenn er laufe». Ihm wird klar, dass ihm als einzigartigem Ebenbild Gottes die Gabe geschenkt wurde, schnell laufen zu können. Und in dem Zusammenhang wird ihm auch bewusst, dass er Gott verleugnen würde, wenn er diese Gabe ignorieren würde, nur um einer religiösen Einstellung Genüge zu leisten. Weil die Gemeinde sich vor Weltlichkeit fürchtet, scheitert sie in vielen Bereichen des Lebens darin, die Liebe und das Licht Jesu weiterzugeben. Und jeder Bereich, den wir ausser Acht lassen, wird unweigerlich einen pervertierenden und keinen gerechten Einfluss auf die Welt haben.

Diese Wahrheit – dass Gott sich an seinem Volk erfreut – offenbart eine andere wichtige Wahrheit: Gott erfreut sich daran, Zeit mit seiner Schöpfung zu verbringen. Jesus war nicht nur ganz Gott, er war auch ganz Mensch. Und ich glaube, dass er nicht nur Freude an seiner eigenen Menschlichkeit hatte, sondern auch an der seiner Freunde – seiner Jünger. Ich glaube zum Beispiel, dass Jesus die Zeit, die er in Marthas Haus verbrachte, wirklich genoss. Er erfreute sich an den Gesprächen mit Lazarus. Er erfreute sich an der Anbetung Marias. Und auch wenn Maria den besseren Teil erwählt hatte, gehe ich einmal davon aus, dass Jesus sich auch an der Betreuung und den Mahlzeiten Marthas erfreute. Martha war so besorgt darum, Jesus zu dienen, ich bin mir sicher, wann immer sie davon hörte, dass Jesus in die Stadt kam, ging sie los und besorgte die Zutaten für sein Lieblingsessen – einfach, weil sie den Wunsch hatte, ihm als Mensch zu dienen. Ich denke, Jesus war wirklich gern in Marthas Haus!

Warum bin ich der Meinung, dass Jesus das Essen und die Gemeinschaft bei Martha genoss? Weil es in der Bibel viele wichtige Begegnungen mit Gott gab, in denen Essen,

Trinken und gemeinschaftliches Leben im Mittelpunkt standen. Denken wir nur an 2. Mose 24,9–11, wo Moses und Aaron mit siebzig Ältesten auf den Berg des Herrn stiegen. In dem Abschnitt wird beschrieben, wie sie Gott sahen und anschliessend assen und tranken. Und ist es reiner Zufall, dass Jesus sein erstes Wunder während einer Hochzeit vollbrachte – einem Anlass, bei dem unsere Menschlichkeit gefeiert und wo gegessen und getrunken wird? Ganz bestimmt nicht! Oder halten wir uns das letzte Abendmahl vor Augen, welches Jesus mit seinen Jüngern einnahm. Es war ein sehr schmerzlicher Moment für Jesus, und während dieses Mahls gewährte er ihnen, kurz bevor er festgenommen und gekreuzigt wurde, einen letzten Einblick in sein Herz. Besondere Beachtung verdient auch die Stelle, wo Jesus an die Tür der Gemeinde in Laodizea klopfte; er wollte hereinkommen, um mit ihnen zu essen. Das Verlangen seines Herzens war und ist es, mit seinen Freunden Gemeinschaft zu haben – sowohl auf geistlicher wie auch auf menschlicher Ebene. Schliesslich sollten wir uns bewusst machen, dass zu den grundlegendsten Gebräuchen, die Gott der Gemeinde gegeben hat, um sich an Jesus zu erinnern, das heilige Abendmahl gehört, bei dem wir symbolisch von Christus selbst essen und trinken. Und wenn wir das tun, erinnern wir uns an die Worte Jesu in Johannes 6,55, wo er uns sagt, dass er unsere wahre Speise und unser wahrer Trank ist.

Gott findet nicht nur Gefallen an unserer Menschlichkeit, er findet Gefallen an unserer Freundschaft. Was der

Massstab für diese Freundschaft zu uns ist, erklärte Jesus in Johannes 15,5, wo er sagte, er lasse sein Leben für seine Freunde. Gemäss Johannes 3,16 liebt der Vater die Menschheit so sehr, dass er Jesus als höchsten Ausdruck seiner Liebe gab.

Es stellt sich nun die Frage, wie wir diese grossartige Liebe und Freundschaft erwidern können? Indem wir schlicht und einfach den zwei grössten Geboten Folge leisten: Gott mit unserem ganzen Herzen zu lieben und unseren Nächsten wie uns selbst.

Der Preis, den Gott für die Freundschaft mit uns bezahlt hat, war ausserordentlich. Als wir noch Fremde und Feinde für ihn waren, schenkte er uns – aufgrund seiner grossen Liebe – Jesus. Er liess es zu, dass sein eingeborener Sohn, den er so sehr liebte, geschlagen, verspottet, ausgepeitscht, angespuckt und schliesslich für uns gekreuzigt wurde. Worum bittet er uns im Gegenzug? Welches Opfer wünscht er sich von uns? Schlicht und einfach ein zerbrochenes und zerschlagenes Herz – ein Herz, das etwas von seiner Liebe und Sehnsucht widerspiegelt.

Davids zweiter Versuch, die Lade der Herrlichkeit Gottes zurück nach Jerusalem zu bringen, war von Erfolg gekrönt und geschah in Begleitung von – wie wir es nennen würden – extravaganter, kostspieliger Anbetung (1. Chronik 15; 2. Samuel 6). Die Leviten trugen die Bundeslade und spielten laut und voller Freude auf ihren Musikinstrumenten, wobei sie alle sechs Schritte anhielten und dem Herrn einen Stier opferten. Bibelgelehrte, die das Land Israel ausgiebig kennen, sagen, die Entfernung zwischen dem Haus von Obed-Edom und Jerusalem, der Stadt Davids, betrug in etwa fünfzehn Kilometer. Das bedeutet, es wurden ungefähr zweitausendfünfhundert Stiere geopfert, was ein Vermögen gekostet haben muss. Selbst für einen König war das eine kostspielige und extravagante Angelegenheit.

Wäre jemand in der Lage gewesen, anschliessend die gesamte Strecke von fünfzehn Kilometer zu überblicken, auf der angebetet und geopfert worden war, wären ihm vor allem zwei Dinge aufgefallen – Schmutz und Blut, Schmutz und Blut, Schmutz und Blut. Dieses Bild veranschaulicht in gewissem Sinne den Weg nach Golgatha. Es ist ein Bild der kostspieligen Liebe, welches beschreibt , wie Jesus – das Opferlamm Gottes – blutüberströmt von den Peitschenhieben, Schlägen und der Dornenkrone auf dieser schmutzigen Strasse entlangging. Das war der Preis, den Gott bezahlte, damit die Menschheit seine Freundschaft erfahren würde.

Das Herz über den Verstand heben

Meine Frau und ich kochen gern zusammen – insbesondere wenn gute Freude zu uns zum Abendessen kommen. Früher oder später landen wir alle im Wohnzimmer, um zu entspannen, doch die meiste Zeit verbringen wir miteinander in der Küche oder im Esszimmer. Da meine Frau und ich gewöhnlich versuchen, ein gourmetmässiges Essen zu machen, sind wir beide beim Kochen ziemlich beschäftigt.

In der Mitte unserer Küche befindet sich eine Kochinsel, auf der wir das Essen zubereiten. Auf der einen Seite stehen einige Barhocker und an dem Ende der Insel befindet sich ein kleiner Tisch, wo wir normalerweise frühstücken. In der Regel kommen unsere Freunde, sofern es gute Freunde sind, mindestens eine Stunde bevor wir anfangen zu essen. Wir geniessen die Gemeinschaft – und zwar nicht nur während wir zusammen essen, sondern auch bei den Vorbereitungen. Und je enger die Beziehung zu unseren Gästen ist, umso mehr Zeit wollen wir vor, während und nach der Mahlzeit miteinander verbringen. Um ihnen unsere Freundschaft und Liebe zum Ausdruck zu bringen, machen wir uns auf jeden Fall viele Gedanken und stecken viel Arbeit in das Essen. Die Kosten für die Zutaten liegen nicht immer, aber oftmals weit über dem, was wir für ein gewöhnliches Abendessen ausgeben würden. Und normalerweise laden wir niemanden ein, der uns nicht wichtig wäre – obwohl uns das nicht sehr reif oder geistlich aussehen lässt. Wir laden Leute ein, die wir lieben und schätzen, oder solche, von denen wir annehmen, dass sich eine tiefe Beziehung zu ihnen entwickeln könnte. Wir investieren also ziemlich viel Zeit, Geld und Kraft, um gute Freunde von uns zu bewirten. Manchmal überstrapazieren wir unser Wochenbudget ein wenig mit diesen ausgefallenen Mahlzeiten; doch bei diesen Gelegenheiten lassen wir uns mehr von unserem Herzen und weniger von unserem Verstand leiten. Und genau das taten auch Abraham und Sara mit ihrem besten Freund – mit Gott.

Als Abraham in Gemeinschaft des Herrn zuruck zum Zelt kam, bat er Sara, schnell einige Kuchen zu machen. Dann trug er seinem Knecht auf, ein zartes Kalb für den Herrn zuzubereiten. Auch Abraham nahm die Position eines Knechtes ein, indem er dem Herrn die Füsse wusch. Er lieferte damit das Vorbild für eine Person, die sehr viel später einmal die blutigen und zerschlagenen Füsse des Herrn wusch und salbte. Diese Frau bereitete durch ihr Handeln den Herrn auf sein Begräbnis vor. Sich um die Füsse Jesu zu kümmern, offenbart eine besondere Herzenshaltung. Es bringt extravagante Liebe zum Ausdruck.

Vor einigen Jahren war ich als Sprecher zu einer dreitägigen Konferenz im Mittleren Westen der USA eingeladen worden, die von zwei Gemeinden veranstaltet wurde. Während ich am Morgen vor dem ersten Treffen in meinem Hotelzimmer betete, gab der Herr mir eine Botschaft, die ich weitergeben sollte. Er sagte zu mir: «Die Gemeinden in dieser Stadt stehen kurz davor, eine Erweckung zu erleben, doch sie werden sie verpassen, wenn sie nicht lernen, ihr Herz über ihren Verstand siegen zu lassen. Es wird nicht geschehen, wie sie es sich vorstellen; und wenn sie sich nicht auf ihr Herz, sondern auf ihren Verstand verlassen, werden sie es nicht ergreifen können.» Der Herr sagte weiter, die Gemeinden müssten lernen, «ihr Herz über ihren Verstand zu heben».

Darüber predigte ich dann sowohl in der Morgen- wie auch in der Abendveranstaltung am ersten Tag der Konferenz.

Am zweiten Tag wurde die hochschwangere Tochter von einem der leitenden Pastoren von ihrer Familie morgens ins Krankenhaus gebracht. Der errechnete Geburtstermin war bereits um eine Woche überschritten und die Wehen sollten nun künstlich eingeleitet werden. Kurz nachdem man ihr das Einleitungsmedikament verabreicht hatte, zeigte der Monitor an, dass das Herz des Kindes aufgehört hatte zu schlagen. Ein Arzt, der die Situation richtig einschätzte, meinte, sie solle sich hinknien und ihren Kopf auf den Boden legen. Als sie diese Position einnahm, erhob sie ihr Herz buchstäblich über ihren Verstand! Das Herz des Babys begann daraufhin wieder zu schlagen. Der Arzt führte anschliessend einen Kaiserschnitt durch und das Kind kam völlig gesund zur Welt, wobei man feststellte, dass sich die Nabelschnur dreimal um seinen Hals gewickelt hatte. Hätte man also versucht, es auf normalem Weg zur Welt zu bringen, wäre das Baby – obwohl sein Herz wieder angefangen hatte zu schlagen – gestorben.

Diese Situation beschreibt die Herausforderung, vor der die Gemeinde heute steht! Wir wissen, dass Gott mehr für uns hat, als unsere Augen je gesehen und unsere Ohren je gehört haben oder wir uns jemals hätten vorstellen können. Wenn wir jedoch versuchen, die Verheissungen Gottes mit unserem Verstand zu ergreifen, und nicht lernen, unser Herz über unseren Verstand zu heben, werden wie sie nicht erlangen!

Als die Frau, die als Sünderin bekannt war, in das Haus des Pharisäers kam und das kostbare Salböl über die Füsse

Jesu ausgoss, war das Herz dieses religiösen Führers von Selbstgerechtigkeit erfüllt. Er verachtete Jesus dafür, dass er der Frau, die aller Wahrscheinlichkeit nach eine Prostituierte war, erlaubte, ihn überhaupt zu berühren. Jesus, der genau wusste, was in seinem Gastgeber vor sich ging, empfing ihre Verehrung, ohne sich auch nur im Geringsten dafür zu schämen. Die Art und Weise, wie eine Frau wie sie ihrer Wertschätzung Ausdruck verlieh, galt in dieser Kultur als anstössig. Jesus jedoch störte das nicht. Stattdessen wies er den Pharisäer zurecht:

«*Und sich zu der Frau wendend, sprach er zu Simon: Siehst du diese Frau? Ich bin in dein Haus gekommen, du hast mir kein Wasser für meine Füsse gegeben; sie aber hat meine Füsse mit Tränen benetzt und mit ihren Haaren getrocknet. Du hast mir keinen Kuss gegeben; sie aber hat, seitdem ich hereingekommen bin, nicht abgelassen, meine Füsse zu küssen. Du hast mein Haupt nicht mit Öl gesalbt; sie aber hat mit Salböl meine Füsse gesalbt. Deswegen sage ich dir: Ihre vielen Sünden sind vergeben, denn sie hat viel geliebt; wem aber wenig vergeben wird, der liebt wenig*» (Lukas 7,44–47).

Die Frau, die wahrscheinlich erst vor Kurzem über ihren Lebensstil Busse getan hatte, fand, wonach sie sich im Inneren ihres Herzens gesehnt hatte, als sie Jesus ihre verschwenderische Anbetung zum Ausdruck brachte. Da viele von uns religiös geprägt sind, meinen wir, was Gott vor allem von uns erwarten würde, wäre, dass wir ihm viel Zeit, Kraft beziehungsweise Geld opfern. Und weil wir ihn lieben und ihm gehorsam sein wollen, geben wir Gott häufig genau das. David, der grosse Liebhaber Gottes, wusste jedoch, weil er ihn in seinem Herzen kannte: Gott ging es nicht um Schlachtopfer von Tieren, sondern er suchte vielmehr nach einem zerbrochenen und zerschlagenen Herzen (Psalm 51,19)! Wenn wir uns aus einer inneren Sehnsucht nach der Freundschaft mit Gott heraus entscheiden, bildlich gesprochen die Alabasterflasche unseres Herzens zu öffnen und unsere Liebe über ihm auszugiessen, vertieft sich diese Freundschaft zu ihm in unserem Leben.

Warum machen meine Frau und ich uns so viel Mühe, wenn wir gute Freunde zu diesen extravaganten Mahlzeiten einladen? Warum ist es für uns nicht einfach mit einem Telefonanruf oder einer Karte getan? Weil wir die Freundschaft zu diesen Menschen vertiefen wollen. Weil wir sie besser kennenlernen wollen. Es geht uns nicht nur darum, Neuigkeiten auszutauschen. Wir sind interessiert an einer Herzensbeziehung, die wächst, wenn wir Zeit miteinander verbringen.

Eine beiläufige Bemerkung

Nachdem Abraham und Sara sich des Herrn angenommen hatten, machte er eine – wie es schien – beiläufige Bemerkung ihnen gegenüber. Wenn man die Geschichte in 1. Mose 18 liest, lässt sich erahnen, dass es Abraham nicht um seine eigenen Bedürfnisse oder Nöte ging; er wollte dem Herrn dienen. Und hier finden wir einen wichtigen Schlüssel, wie wir im Reich Gottes erfolgreich sein können: Wir müssen lernen, von uns selbst wegzuschauen und uns auf Gott auszurichten. Wir müssen einen Lebensstil führen, bei dem wir unser Kreuz auf uns nehmen und nicht mehr länger zuerst für uns selbst, sondern für den anderen leben. Wie Jesus uns sagte, ist dies der Weg, wie uns die Verheissungen des Vaters zuteilwerden.

Einige Jahrtausende bevor der Sohn am Kreuz starb, hatte der Vater verheissen, ihm die Nationen zum Erbteil zu geben (Psalm 2). Der Weg, den Gott bestimmt hatte, damit Jesus sein Erbe in Besitz nehmen konnte, führte über das Kreuz. Das heisst, Jesus sollte sich nicht davon leiten lassen, was das Beste für ihn selbst war, und das Kreuz umgehen. Stattdessen sollte er sich selbst sterben, um dem Vater zu gefallen. Der Apostel Paulus drückt es in seinem Brief an die Gemeinde in Philippi folgendermassen aus (1,21): *«Denn das Leben ist für mich Christus und das Sterben Gewinn.»*

Jesus lehrte in der Bergpredigt, wenn wir zuerst nach Gott und seinem Reich trachten, wird der Vater sich um all unsere Bedürfnisse kümmern. Da wir unbedingt die Verheissungen Gottes erlangen wollen, aber mit Unglauben zu kämpfen haben, sind wir oftmals mehr auf uns selbst und unsere Nöte als auf Gott und seinen Willen fokussiert. Als Satan begann, sich mehr mit sich selbst als mit Gott zu beschäftigen, fiel er als Anführer der Engel, die Gott vor seinem Thron anbeteten (Hesekiel 28,17). Und wie tief war sein Fall! Abraham dagegen, der angesichts der herrlichen Gegenwart Gottes von sich selbst wegschaute, empfing das verheissene Kind, obgleich dies scheinbar unmöglich war.

Fast beiläufig sagte der Herr zu Abraham: «*... übers Jahr um diese Zeit komme ich wieder zu dir, siehe, dann hat Sara, deine Frau, einen Sohn*» (1. Mose 18,10). Für Abraham mag sich das wie ein Nachsatz angehört haben. Doch Gottes Freunde wissen, dass sie der Liebe Gottes vertrauen können. «*Denn ich kenne ja die Gedanken, die ich über euch denke, spricht der HERR, Gedanken des Friedens und nicht zum Unheil, um euch Zukunft und Hoffnung zu gewähren*» (Jeremia 29,11). Noch bevor nur ein einziges Wort über unsere Lippen kommt, weiss der Herr bereits genau, was wir brauchen. Macht das unser Gebet für persönliche Bedürfnisse überflüssig? Nein, ganz im Gegenteil! Während wir Gott bitten, ihn suchen und im Gebet bei ihm anklopfen, können wir seiner Liebe und Fürsorge vertrauen. Wir können uns dabei jedoch entspannen und müssen nicht ständig auf uns selbst schauen. Gott möchte, dass wir in seinen Segnungen und seiner Auferstehungskraft leben. Doch der Weg dorthin beinhaltet wie bei Jesus, zuerst für den Willen des Vaters zu leben und täglich unser Kreuz auf uns zu nehmen.

Zur richtigen Zeit am richtigen Ort

Die Verheissung Gottes, dass sie und Abraham im nächsten Jahr um diese Zeit einen Sohn haben würden, schien Sara

– die weit über das gebärfähige Alter hinaus war – derart unwahrscheinlich zu sein, dass sie ungläubig in Lachen ausbrach. Doch zu Saras Verteidigung möchte ich hinzufügen, dass sie sich dabei zumindest im Zelt befand, dem Ort der Begegnung mit Gott. Später einmal nannte Mose ja das Zelt, welches er und die Israeliten für die Stiftshütte anfertigten, das «Zelt der Begegnung».

Es gibt eine bekannte Redewendung, die man häufig in der Geschäftswelt oder in anderen Bereichen hört, wo es vor allem um Erfolg geht. Sie wird oftmals von denen verwendet, die verärgert oder eifersüchtig auf eine Person sind, die, obwohl sie scheinbar nicht ausreichend qualifiziert ist für den Job, den sie macht, erfolgreich ist oder befördert wird. Die Redewendung lautet: «Es ist nicht wichtig, was du weisst, sondern wen du kennst.» Im Grunde genommen ist es ein Prinzip des Reiches Gottes. Niemand von uns verdient es, in den Himmel zu kommen und ewiges Leben zu haben. Verglichen mit Gottes Heiligkeit ist unsere eigene Gerechtigkeit wie ein «beflecktes Kleid», so drückt Jesaja es aus (64,5). Doch weil wir eine persönliche Beziehung zu Jesus haben, unserem Herrn und Retter, «qualifizieren» wir uns! Die Verheissungen und Segnungen Gottes für uns Menschen hängen nicht von unseren Qualifikationen ab; ansonsten würde es keiner von uns weit bringen! Im Reich Gottes zählt nicht so sehr, was wir wissen; was zählt ist, dass wir den Einen kennen!

Unsere persönliche Beziehung zu Jesus qualifiziert uns nicht nur, die Liebe und die Verheissungen des Vaters in

Empfang zu nehmen; sie hilft uns auch, ein erfolgreiches Leben im Reich Gottes zu führen. Gott fordert uns auf, das Unmögliche zu tun. Er ruft uns auf, unseren Stolz, unseren Egoismus und unsere Selbstzentriertheit abzulegen und anzufangen, für andere zu leben. Wie ist das möglich? Der Schlüssel ist, im Geist zu wandeln, welcher uns mit seiner Liebe für andere Menschen erfüllt und uns befähigt, unseren fleischlichen Begierden abzusterben. Um ehrlich zu sein, gibt Gott uns fast immer Visionen, Träume und Ziele, die wir aus eigener Kraft niemals verwirklichen könnten. So wie Gott Mose berief – einen Waisenjungen und einfachen Hirten, der noch dazu mit einer Sprachstörung zu kämpfen hatte –, um den mächtigsten Herrscher der damaligen Zeit herauszufordern und Millionen von Menschen aus seiner Macht zu befreien.

Als der Engel des Herrn zu Gideon kam – der in seinen Augen der Geringste in seiner Familie war, welche wiederum die kleinste in ihrem Stamm war –, fragte Gideon sich, wie Gott ihn in aller Welt gebrauchen könnte, um ganz Israel zu retten. Es gibt zwei Dinge, die ich in diesem Gespräch zwischen dem Engel des Herrn und Gideon hervorheben möchte. Zum einen war es völlig in Ordnung, Fragen zu stellen beziehungsweise Zweifel zu haben. Gott weiss um unsere Menschlichkeit, und wenn er uns gebrauchen will, rechnet er das mit ein. Zum anderen – und das ist weitaus wichtiger – hatte Gott nicht vor, all die Fragen, die Gideon stellte, zu beantworten. Stattdessen wollte er selbst die Antwort auf diese Fragen sein. Nicht das, was Gideon wusste, half ihm, Israel aus der Unterdrückung der Midianiter zu befreien. Was ihm half, war, dass er den Herrn kannte!

Während meiner Highschool-Zeit gehörte ich zwischen dem zehnten und zwölften Schuljahr dem Fussballteam unserer Schule an, und jedes Jahr spielten wir um die Meisterschaft. Das mag beeindruckend klingen, doch ich war ehrlich gesagt nicht so ein guter Spieler und in den meisten Spielen auch nicht in der Startelf. Manchmal gelang es mir einfach, ein Tor zu machen. Allerdings nicht, weil ich ein hervorragender Spieler war, der die Bälle geschickt an den Verteidigern und dann am Torhüter vorbei ins Tor schiessen konnte. In der Regel erzielte ich ein Tor, weil ich zur richtigen Zeit am richtigen Ort war! Der Mittel- oder Aussenstürmer dribbelte den Ball gewöhnlich an den Verteidigern vorbei und schoss dann aufs Tor. Bei einigen dieser Schüsse musste der Torwart einen Hechtsprung machen, wobei er den Ball nur abwehren und nicht festhalten konnte. Dieser landete dann gelegentlich genau vor meinen Füssen, während ich vor einem leeren Tor stand. Ich hätte selbst mit geschlossenen Augen einen Treffer landen können!

Obwohl Sara voller Zweifel war, hielt sie sich dennoch im Zelt auf. In der Bibel steht das Zelt für einen flexiblen Begegnungsort mit Gott. Was seine Werte und seine Wahrheit betrifft, ist Gott derselbe gestern, heute und in Ewigkeit.

Doch weil er ein kreativer Gott ist, manifestiert er sich selbst wie auch seine Güte gewöhnlich auf völlig unterschiedliche Weise. Gott zu begegnen im «Zelt der Begegnung», wie Mose es nannte, bedeutet, völlig flexibel zu sein. Es bedeutet zu beten: «Nicht mein Wille, sondern dein Wille geschehe, Herr.»

In unserer Gemeinde haben wir uns vor Kurzem an zwei aufeinanderfolgenden Wochenenden in den Veranstaltungen speziell auf Heilungen und Wunder fokussiert. Nachdem ich an dem zweiten Wochenende über Heilung gepredigt hatte, lud ich im ersten Gottesdienst diejenigen ein, nach vorn zu kommen, die in irgendeiner Form körperliche Heilung benötigten. Etwa fünfundsiebzig Menschen folgten dem Aufruf. Ich bat die restlichen mehr als fünfhundert Anwesenden, ihre Hände segnend zu denen auszustrecken, die vorn standen. Ein Mann mit dem Namen Kevin, der ziemlich weit hinten stand, erlebte ein erstaunliches Wunder, während er seine Hand emporhob. Jahre zuvor hatte er seinen Ellbogen zerschmettert, und als der Gips einige Monate später entfernt wurde, konnte er den Arm kaum bewegen. Weder war er in der Lage, ihn ganz auszustrecken noch ihn anzuwinkeln und mit der Hand seine Schulter zu berühren. Der Bewegungsumfang war auf etwa ein Drittel limitiert. Als er seine Hand emporhob, um mit für die Kranken zu beten, war sein Arm nach jahrelanger Bewegungseinschränkung auf einmal völlig geheilt! Er konnte ihn ganz ausstrecken und auch wieder anwinkeln. Sein Sohn, der inzwischen ein Teenager war und als Junge immer an dem krummen Arm seines Vaters gehangen hatte, war völlig verblüfft. Was war der Schlüssel für Kevins Wunder gewesen? Er hatte sich ganz einfach an der richtigen Stelle, zur richtigen Zeit, mit der richtigen Person aufgehalten – er war im Zelt der Begegnung mit dem Herrn Jesus Christus gewesen.

Jesus weinte über Jerusalem, weil die Menschen in dieser Stadt weder die Person, noch die Absichten oder die Zeitpunkte des Herrn erkannt hatten. Ihre Vorstellung darüber, wie Gott wirken würde, war so starr, dass sie den Zeitpunkt seiner Heimsuchung verpassten! Gott spricht zu seinen Kindern, doch die Frage ist: Haben wir Ohren, um zu hören, was der Geist Gottes der Gemeinde sagt? Wir predigen und lehren oftmals darüber, wie wir zu Männern und Frauen Gottes werden können. Doch wenn die dafür nötige Charakterschulung und Zurüstung nicht verbunden ist mit einem Hunger nach der Person und der Gegenwart des Herrn, werden wir letztendlich das Ziel verfehlen.

Viele würden heute sagen, dass Sara nicht genügend Glauben hatte. Das mag vielleicht stimmen. Doch über wen lässt sich das nicht sagen? Gibt es irgendjemanden, der ein perfektes Leben führt? Nein, keiner wird Gottes Standard gerecht. Sara jedoch erlangte all die Verheissungen, die Gott ihr gegeben hatte, und lebte in den Absichten Gottes. Und das nicht, weil sie perfekt war, sondern weil sie und Abraham in den Jahrzehnten, in denen sie mit Gott gewandelt waren, das eine oder andere über Freundschaft gelernt hatte. Sie hatten gelernt, eine Beziehung mit Gott zu unterhalten.

Gott anzubeten bedeutet, sich Gottes Heiligkeit ins Bewusstsein zu rufen, seinen Verstand mit der Wahrheit Gottes zu nähren, seine Vorstellungskraft mithilfe der Schönheit Gottes zu reinigen, sein Herz für die Liebe Gottes zu öffnen und seinen Willen den Absichten Gottes zu unterstellen (William Temple).

Kapitel 2

Wie ein Freund hören

Wer ein Ohr hat, höre, was der Geist den Gemeinden sagt! (Johannes der Apostel an die sieben Gemeinden im Buch der Offenbarung).

Weil Gott Liebe ist und uns aus Liebe geschaffen und aus Liebe errettet hat, fordert er uns auf, ihn zu lieben und uns von ihm lieben zu lassen. Er ist demzufolge ein Gott der Beziehung, und wahre Beziehung bedingt immer Kommunikation.

Gott hat dem Menschen zwei Ohren und nur einen Mund gegeben. Warum hören wir nicht doppelt so viel zu wie wir reden? (Chinesisches Sprichwort).

Was eine tiefe Freundschaft im Kern auszeichnet, ist wahrscheinlich der Wunsch, dem Gegenüber zuzuhören. Ob im Gespräch mit Arbeitskollegen, bei zufälligen Begegnungen oder in täglichen Wortwechseln – wir möchten in der Regel, dass jeder versteht, was wir versuchen, ihm zu vermitteln. Das Problem ist, dass wir in den meisten Unterhaltungen dem Zuhören nicht die gleiche Bedeutung beimessen wie dem Reden. Es sei denn, es geht um etwas Wichtiges – wenn beispielsweise ein Lehrer oder ein Arbeitgeber uns etwas sagt. Und dann hören wir nur deshalb gut zu, weil uns bewusst ist, dass es Konsequenzen haben könnte, wenn wir es nicht richtig verstehen.

Jeder von uns führt gelegentlich einmal eine Unterhaltung mit einem Fremden oder einem zufälligen Bekannten, die wir versuchen, möglichst schnell wieder zu beenden, ohne unfreundlich zu wirken. In der heutigen Zeit, in der immer weniger Wert auf gute Umgangsformen gelegt wird, ist es häufig sogar an der Tagesordnung, dass man ein Gespräch unhöflich abbricht, wenn es einem unwichtig oder unproduktiv erscheint. Einem guten Freund jedoch hört man zu, egal was er zu sagen hat – selbst wenn es kindisch oder belanglos klingen würde, wenn das Gleiche über die Lippen einer anderen Person käme.

Natürlich gibt es auch einseitige oder eindimensionale Freundschaften, in denen der eine ganz klar der Leiter ist und der andere nur geschätzt wird für das, was er dem Ersteren liefern kann, nicht aber als Person. An dieser Art von Beziehung – einer rein zweckmässigen, eigennützigen Freundschaft – ist Gott mit seinem Volk nicht interessiert.

Mein Sohn David, der zwei ältere Schwestern hat, ist ein ausserordentlich geselliger Typ. Er liebt es nicht nur, mit seinen Freunden zusammen zu sein; er ist ganz einfach gern in Gesellschaft – egal mit wem. Er wird sozial wohl sehr gesund aufwachsen. Da er der Jüngste von drei Geschwistern ist und seine zwei älteren Schwestern ebenfalls gesellig und ihm ein gutes Vorbild sind, fällt ihm der Umgang mit anderen Menschen leicht. Doch in einem Bereich seiner sozialen Kompetenzen müssen meine Frau und ich ständig mit ihm arbeiten, und zwar im Hinblick auf seine Fähigkeit zuzuhören. Wenn wir ihn für ein Fehlverhalten notgedrungen zurechtweisen müssen, will er uns oft nur den Bruchteil einer Sekunde später eine in keinem Zusammenhang stehende Frage stellen oder uns seine Meinung zu einem ganz anderen Thema mitteilen. Er scheint die gerade erteilte Belehrung einfach so in den Wind zu schiessen.

Sein Problem ist nicht, dass er ungehorsam oder unwillig wäre; er denkt einfach sehr viel nach und möchte sich fortwährend ausdrücken. Darum nehmen meine Frau und ich uns im Vergleich zu seinen beiden Schwestern mehr Zeit mit ihm, um ihm beizubringen, uns als seinen Eltern zuzuhören. Obwohl Gott niemals frustriert ist, könnte ich mir vorstellen, dass wir unseren himmlischen Vater manchmal vielleicht doch an den Rand der Verzweiflung bringen, wenn er uns seine Weisheit kundtun möchte, wir aber so viele Fragen, Probleme und Forderungen haben, dass wir überhaupt nicht hören, was sein Geist uns sagt. Meist reden wir zu viel beim Beten (wenn wir denn überhaupt Zeit dafür finden) und nehmen uns nicht genügend Zeit zuzuhören.

Wir beten schnell unsere Gebetsliste ab – wie eine Einkaufsliste im vollautomatisierten Supermarkt. Da Jesus seine Jünger lehrte, den Vater in seinem Namen zu bitten, und nicht, dem Vater ihre Anliegen vorzutragen, sollten wir uns vielleicht einmal fragen, was es mit dem Hören beim Beten auf sich hat.

Gebet und Anbetung bilden die beiden Flügel, die Gott der Gemeinde gegeben hat, damit sein Volk im Geist aufsteigen und ihn selbst wie auch seine Absichten erkennen kann. Anzubeten bedeutet, sich völlig der Verherrlichung Gottes hinzugeben und ihm zu danken für das, was er getan hat, wie auch für ihn als Person. Anzubeten ist das Wahrhaftigste, was wir tun können, denn selbst wenn wir es im Glauben tun, ohne zu schauen, bekennen wir dabei die Wahrheit über Gott. Wie Martin Luther sagte: «Gott zu glauben heisst, ihn anzubeten.» Man kann keinen Glauben in Gott haben, ohne gleichzeitig auch ein Herz für Anbetung zu haben. Anbetung stellt allerdings nur einen Flügel dar, wenn es um die Kommunikation mit Gott geht. Der andere Flügel ist Gebet.

ER ist Gott und nicht wir

Die Lehre über Glauben und Gebet ist oft verdreht, weil beides als eine Methode oder als Werkzeug angesehen wird, um von Gott gesegnet zu werden. Einige der Lehren über Gebet in der Gemeinde wurden aus dem biblischen Zusammenhang herausgerissen und sind nicht auf das Herz Gottes ausgerichtet. Gott ist Liebe, und weil er Liebe ist und uns in Liebe geschaffen hat, fordert er uns auf, ihn zu lieben und uns von ihm lieben zu lassen. Es leuchtet deshalb ein, dass er ein Gott der Beziehung ist. Und gesunde Beziehungen bedingen immer gute Kommunikation.

Der Apostel Jakobus schrieb: «*Jeder Mensch sei schnell zum Hören, langsam zum Reden, langsam zum Zorn!*» (Jakobus 1,19). Dieser Vers, welcher aus dem – wie einige es nennen – «neutestamentlichen Buch der Sprüche» stammt, da es mit praktischer Weisheit gefüllt ist, lässt sich auf alle Arten von Beziehungen übertragen, insbesondere auf die zu Gott. Vor einigen Jahren hatte ich den Eindruck, dass der Herr zu mir sagte, viele Menschen bräuchten eine neue Offenbarung darüber, dass ER Gott ist und nicht wir. Wir neigen dazu, in die gleiche Falle zu tappen wie Adam und Eva und der Lüge zu glauben, wenn wir uns nur genügend Wissen aneignen würden, könnten wir sein wie Gott. Oder anders ausgedrückt: Wir könnten eine Beziehung mit Gott auf Augenhöhe führen statt einer Vater-Kind-Beziehung. Wenn in einer Gemeinde ständig Kopfwissen über Gott betont wird und dies nicht mit einem Herzenswissen einhergeht, meinen wir am Ende, wir würden biblisch handeln, nur weil wir die Prinzipien der Bibel mit unserem Intellekt erfasst haben. In Sprüche 3,5 heisst es jedoch, wir sollen uns nicht auf unseren Verstand stützen, sondern auf den Herrn mit unserem ganzen Herzen vertrauen.

Ein guter «Zuhörer Gottes» zu werden, erfordert Disziplin und Willenskraft. Man kann sich leicht von alltäglichen Dingen vereinnahmen lassen, wie es Martha erging, als Jesus in ihrem Haus zu Besuch war. Das soll nicht heissen, Marthas Wunsch, Menschen zu dienen, sei schlecht gewesen. Martha verdient für die Gastfreundschaft, Fürsorge und Liebe, die sie Jesus entgegenbrachte, besondere Anerkennung. Doch so wichtig «Marthas Teil» ist, es gibt noch ein besseres Teil, das wir nicht ausser Acht lassen dürfen. Schon gar nicht, wenn wir erleben wollen, wie Tote zum Leben erweckt werden! Wir müssen die Kunst des Zuhörens erlernen. Als Martha schliesslich verärgert darüber war, dass die ganze Bewirtung an ihr hängen blieb, beschwerte sie sich bei Jesus, dass ihre Schwester Maria einfach nur zu seinen Füssen sass, ihm zuhörte und ihn anschaute und dabei völlig ihre Arbeit vergass. Jesus antworte ihr darauf: *«Marta, Marta! Du bist besorgt und beunruhigt um viele Dinge; eins aber ist nötig. Maria aber hat das gute Teil erwählt, das nicht von ihr genommen werden wird»* (Lukas 10,41–42). Ein wichtiger Punkt, den wir hier verstehen müssen, ist, dass Maria eine Entscheidung getroffen hatte hinsichtlich dessen, was für sie von Bedeutung war. Typ-A-Persönlichkeiten, die – wie Psychologen sagen – sehr bestrebt sind, Dinge zu tun und zu erreichen, fühlen sich oft unfähig, eine längere Zeit einfach nur dazusitzen. Nach allem, was wir wissen, war Maria vielleicht auch eine Typ-A-Persönlichkeit, doch aus Liebe zu Jesus traf sie eine Entscheidung. Sie entschied sich, Jesus zuzuhören und ihm zuzuschauen, wann immer sich die Möglichkeit für sie ergab. Ihre Liebe drängte sie, alles andere stehen zu lassen, wenn Jesus bei ihnen zu Besuch war.

Freunde hören, was ein guter Freund zu sagen hat

Haben Sie schon einmal erlebt, wie etwas, was ein zufälliger Bekannter zu ihnen sagte, Ihnen absolut langweilig erschien, doch als Sie einige Zeit später mit einem guten Freund über genau das gleiche Thema sprachen, Sie völlig begeistert darüber waren? Oder haben Sie schon einmal in einem Restaurant oder an der Arbeit einen Witz gehört, der auf Sie dumm und hohl wirkte, aber als Ihnen nachher ein guter Freund denselben Witz erzählte, fanden sie ihn lustig und geistreich. Was macht den Unterschied aus? Die Freundschaft selbstverständlich! Weil uns Freunde wichtig sind, weil wir sie respektieren und lieben, schätzen wir, was sie schätzen, und wir wissen, was sie zwischen den Zeilen eigentlich sagen wollen. Deshalb freut man sich mitunter mehr auf das Strahlen im Gesicht des Freundes als auf die eigentliche Pointe beim Witz.

Eine Geschichte, die das sehr gut illustriert, handelt von einer kleinen Gruppe von Gefangenen, die mehrere Jahre in Gefängniszellen festgehalten wurden, die in unmittelbarer Nähe lagen. Nachdem sie lange Zeit miteinander eingesperrt waren, kannten sie all die Witze, die sie sich untereinander erzählten, bereits auswendig. Um nicht immer wieder mit der Geschichte von vorn anfangen zu müssen und gleich zum Lacher zu kommen, gaben sie jedem Witz eine Nummer. Jemand rief lediglich die Nummer aus, worauf alle in Lachen ausbrachen. Eines Tages wurde ein neuer Gefangener in ihren Trakt eingeliefert.

Nachdem er einige Tage dort war, wunderte er sich, warum alle Gefangenen sich immer vor Lachen krümmten, wenn einer von ihnen eine Nummer ausrief. Schliesslich fragte er seinen Zellengenossen, was es damit auf sich habe. Der andere Gefangene erklärte ihm, dass sie sich einfach gegenseitig Witze erzählten. Kurz darauf wurden wieder einige Nummern ausgerufen. «Acht!», schrie ein Gefangener, und Kichern setzte ein. «Siebenundzwanzig!», gab ein anderer von sich, was laute Lachsalven auslöste. «Dreizehn!», brüllte der Nächste, und schallendes Gelächter folgte. Nun wollte auch der Neue sich an dem Spass beteiligen und rief: «Achtzehn!» Doch niemand lachte und es wurde ganz still in dem Trakt. «Was ist los», fragte er den Zellgenossen, «ist Witz achtzehn nicht lustig?» Einige Zellen weiter brummelte jemand: «Einige Leute können einfach keine Witze erzählen!»

Für die Gefangenen ging es nicht so sehr um den jeweiligen Witz, den sie zum Besten gaben; was zählte, war ihre gemeinsame Geschichte. Und genau das macht den Unterschied zwischen einer tiefen und einer lockeren Freundschaft aus – die Zeit, die man in die Beziehung investiert. Mit einem guten Freund kann man immer wieder die gleichen alten Geschichten ausgraben und es wird einem jedes Mal warm ums Herz werden. Das liegt daran, dass man über die Jahre viel Zeit miteinander verbracht hat. Wir lernen das Herz eines guten Freundes nicht nur immer besser kennen; wir ahnen bereits, wie er auf bestimmte Situationen oder Kommentare reagieren wird. Und diese Reaktionen schätzen wir zutiefst. Aus dem Grund wollen wir mit einem Freund nicht nur sprechen, sondern ihm – was noch viel wichtiger ist – auch zuhören.

Ich habe einen guten Freund, der wie ich Motorrad fährt und mit dem ich häufig lange Touren unternehme. Wir beide besitzen ein ähnliches Motorrad und haben in vielerlei Hinsicht dieselben Interessen und Ansichten. Vor einigen Wochen habe ich eine vierhundert Kilometer lange Fahrt durch den südlichen Teil Ohios gemacht, was ein unglaubliches Erlebnis war. Die Landschaft war wunderschön, es gab tolle Kurven, ja es war einfach alles dabei, woran ich mich bei einer langen Tour erfreue. Enttäuschend war für mich einzig und allein, dass mein Freund Randy nicht dabei war, denn ich wusste, es hätte ihm ebenfalls gefallen. Als wir in unsere Terminkalender schauten, stellten wir fest, dass er mich eine Woche später auf einer Tagestour begleiten konnte. Normalerweise wäre ich an dem Tag eine andere Strecke gefahren. Doch weil ich Randy gut kannte, bestand ich darauf, dass wir die gleiche Tour, die ich eine Woche zuvor gemacht hatte, noch einmal wiederholten. Und ich hatte recht – wir beide genossen den Tag in vollen Zügen. Was mir dabei am meisten Freude bereitete, war das Wissen, dass ihm diese Tour gefiel. Dies ist ein Bild für die Reisen, auf die Gott uns mitnehmen möchte. Es mag Kurven, Berge, Umwege, plötzliche Unterbrechungen und viele Gefahren auf dem Weg geben, doch Gott möchte, dass wir die Reise mit ihm als Freund und Führer an der Seite geniessen.

«Ich will spähen, um zu sehen, was er mit mir reden wird»

In Habakuk 2,1–4 gibt uns der Prophet ein grundlegendes Muster für das Gebet oder das Gespräch mit Gott. Zwei Dinge fallen auf, wenn wir uns anschauen, wie er einen Dialog mit Gott führt. Zum einen naht er sich Gott in einer Haltung der Demut und will zuerst von ihm hören. Habakuk weiss aus Erfahrung: Weil Gott ein Gott der Liebe und darum ein Gott der Beziehung ist, ist er auch ein Gott, der spricht. Eine wichtige Wahrheit für Habakuk waren vielleicht die Worte aus 5. Mose 30,14: «*Sondern ganz nahe ist dir das Wort, in deinem Mund und in deinem Herzen, um es zu tun.*» Während Habakuk mit Gott wandelte, ging er fest davon aus, dass Gott nicht weit weg war, dass seine Segnungen greifbar waren und dass er seine Stimme hören konnte. Natürlich gibt es unterschiedliche Grade der innigen Nähe zu Gott. Gott sagte beispielsweise über Mose: «… *mit ihm rede ich von Mund zu Mund, im Sehen und nicht in Rätselworten, und die Gestalt des HERRN schaut er.*» Über andere dagegen sagte er: «*Wenn ein Prophet des HERRN unter euch ist, dem will ich mich in einer Erscheinung zu erkennen geben, im Traum will ich mit ihm reden*» (siehe 4. Mose 12,6–8). Obwohl Habakuk also nicht unbedingt Offenbarungen in der gleichen Klarheit wie Mose empfing, hatte er doch grossen Glauben in die Liebe Gottes, was in ihm eine Erwartungshaltung schuf, mit Gott kommunizieren zu können.

Für Habakuk war das Gebet keine einseitige Angelegenheit. Er positionierte sich in einer Weise, dass er «auf Empfang» eingestellt war. Salomo, der grosse König, der für seine ausserordentliche Weisheit bekannt war, sagte im Hinblick auf das Gebet: *«Sei nicht vorschnell mit deinem Mund, und dein Herz eile nicht, ein Wort vor Gott hervorzubringen! Denn Gott ist im Himmel, und du bist auf der Erde; darum seien deine Worte wenige»* (Prediger 5,1).

Der zweite Aspekt, der bei Habakuks Gebetsmodell hervorsticht, ist, dass er erwartete, Gott zu hören, indem er sah, was der Herr mit ihm reden würde. Hören verbinden wir normalerweise damit, mit den Ohren zu hören. Doch Habakuk hatte gelernt, was viele Männer und Frauen des Gebets lernen – dass Gott vor allem durch Visionen und Träume spricht. Denken wir nur an Davids Worte in Psalm 5,4: *«HERR, in der Frühe wirst du meine Stimme hören. In der Frühe rüste ich dir ein Opfer zu und spähe aus.»* Und der Prophet Joel weissagte: *«… eure Söhne und eure Töchter werden weissagen, eure Greise werden Träume haben, eure jungen Männer werden Visionen sehen. Und selbst über die Knechte und über die Mägde werde ich in jenen Tagen meinen Geist ausgiessen»* (Joel 3,1b–2).

Ein entscheidendes Merkmal für eine Ausgiessung des Heiligen Geistes war nach Joels Verständnis, dass Menschen vermehrt von Gott hören würden. Dieser Gedanke steht im Einklang damit, was der Apostel Paulus darunter verstand, in neutestamentlichen Zeiten ein Kind Gottes zu sein. Er schrieb der Gemeinde in Rom: *«Denn so viele durch den Geist Gottes geleitet werden, die sind Söhne Gottes»* (Römer 8,14). Weissagung – die Gabe, die uns befähigt, von Gott auf einer höheren Ebene zu hören – ist ganz sicher eine Gabe. Doch von Gott zu hören und ihm immer näher zu kommen, ist das Geburtsrecht der Kinder Gottes.

Es gibt unendlich viele Wege, wie Gott zu seinen Freunden spricht, beispielsweise durch Träume, Visionen, Eindrücke etc. Wenn Gott uns ein Wort gibt, ist es manchmal so, als wäre uns das, was er gerade gesagt hat, schon immer klar gewesen, auch wenn es einen Moment vorher nicht so war. Es ist, als hätten wir es schon immer gewusst. Eine solche Übertragung von übernatürlichem Wissen lässt sich vergleichen mit der anfänglichen Offenbarung, die viele Menschen haben, dass sie Sünder sind und dass Christus der eingeborene Sohn Gottes ist und tatsächlich für ihre Sünden gestorben ist. Einen Tag nachdem sie ihr Leben Christus hingegeben haben, werden sie – auch wenn sie nicht konkret beweisen können, dass sie Gott begegnet sind –, ohne den geringsten Zweifel wissen, dass es die Wahrheit ist. John Wesley beschrieb, wie sein Herz «merkwürdig warm wurde», als er zum ersten Mal eine Offenbarung darüber hatte, dass er durch den Glauben in Christus, und allein durch Glauben, von seinen Sünden errettet war. Wenngleich Gott oft auf sehr subtile Weise redet, müssen wir uns doch bewusst machen, dass er auch spricht, indem er uns etwas «zeigt».

Ein Bild sagt mehr als tausend Worte

Jeder, der Journalismus oder Medienwissenschaften studiert, lernt früher oder später das bekannte Sprichwort «Ein Bild sagt mehr als tausend Worte» kennen. Gott hat den menschlichen Verstand auf eine Weise geschaffen, dass er stark auf Darstellungen und Bilder reagiert. Es ist sehr hilfreich, sich einmal im Hinblick darauf, wie Gott denkt, mit dem ersten Kapitel der Bibel zu befassen. Ungefähr sieben Mal lesen wir in 1. Mose, dem ersten Buch der Bibel, dass Gott ansah, was er geschaffen hatte, und sagte, es sei gut. Gott hätte seine Kreativität natürlich auch rein abstrakt betrachten können. Doch Gott sah sein Werk tatsächlich an und bewunderte es. Da wir in dem Ebenbild Gottes geschaffen sind, wird etwas in unserem Inneren aktiviert oder ausgelöst, wenn wir eine Sache anschauen.

Während ich dieses Kapitel schreibe, ist es bereits seit einem Monat Frühling. Dieser Winter war nicht nur sehr kalt, wobei es auch viel mehr Stürme gab als gewöhnlich, er war zugleich sehr lang. Der vergangene Dezember war der zweitkälteste seit Beginn der Wetteraufzeichnungen. Wenn ich nicht zu Hause wäre, wie es beispielsweise letztes Wochenende der Fall war, könnte ich mich daran erfreuen, wenn meine Frau mir am Telefon erzählen würde, wie alles grün wird, wie die Blätter rauskommen, die Blumen blühen und der Himmel strahlend blau ist. Doch weil ich es selbst vor meinem Bürofenster tatsächlich sehe und erlebe, erfüllt es mich mit neuer Energie. Warum? Weil ich die Realität all dessen mit meinen eigenen Augen wahrnehme.

Wie wir bereits festgestellt haben, spricht Gott auf vielfältige Wege. Doch am häufigsten spricht er durch Visionen. Gemäss dem, was Jesus in Matthäus 17,9 sagte, hatten Petrus, Jakobus und Johannes eine Vision, als sie auf dem Berg der Verklärung waren. Nachdem sie Jesus zum ersten Mal in seiner Herrlichkeit gesehen hatten, lesen wir in Vers 8: *« … sahen sie niemand als ihn, Jesus, allein»*. Wie sie Jesus wahrnahmen, fesselte sie derartig, dass sie anschliessend nichts anderes in ihrem Herzen sehen wollten. Nachdem Elisa seinen Prophetenvater Elia über den Jordan hinweg begleitet hatte, bat Elisa ihn um eine «doppelte Salbung». Elisa wollte also die gleiche Salbung des Heiligen Geistes, die auf Elia gelegen hatte. Elia antwortete darauf, dass er selbst nicht in der Lage sei, Elisa zu geben, worum er ihn gebeten hatte. Doch er liess ihn wissen: *«Wenn du mich sehen wirst, wie ich von dir weggenommen werde, dann wird dir das gegeben werden; wenn aber nicht, dann wird es dir nicht gegeben werden»* (2. Könige 2,10). Ausschlaggebend dafür, ob Elias Bitte gewährt werden würde, war also, ob er Augen hatte zu sehen und Ohren zu hören.

«Und es geschah, während sie gingen, gingen und redeten, siehe da: ein feuriger Wagen und feurige Pferde, die sie beide voneinander trennten! Und Elia fuhr im Sturmwind auf zum Himmel. Und Elisa sah es und schrie: Mein Vater, mein Vater! Wagen Israels und sein Gespann! Dann sah er ihn nicht mehr. Da fasste er seine Kleider und zerriss sie in

zwei Stücke. Und er hob den Mantel des Elia auf, der diesem entfallen war, kehrte um und trat an das Ufer des Jordan. Und er nahm den Mantel des Elia, der diesem entfallen war, und schlug auf das Wasser und sagte: Wo ist der HERR, der Gott des Elia? Auch er schlug also auf das Wasser, und es teilte sich hierhin und dorthin, und Elisa ging hinüber» (Verse 11–14). Obgleich Elisas Dienst einen eigenen Charakter hatte und keine Kopie von Elias war, trug er doch den gleichen Mantel wie er und führte seinen Dienst fort. Er empfing das, was Gott ihm aufs Herz gelegt hatte, denn er war in der Lage zu sehen, was der Heilige Geist tat! Er lebte in einer echten Vater-Sohn-Beziehung mit Elia, was auch unser Erbe von Gott beschreibt.

Der Apostel Paulus betete für die Gemeinde in Ephesus, dass die Menschen dort den Geist der Weisheit und Offenbarung empfangen würden, um Gott den Vater, den Gott unseres Herrn Jesus Christus zu erkennen (Epheser 1,17). Natürlich waren sie bereits «wiedergeboren». Sie waren eine Gemeinde von Menschen, die Gott kannten. Paulus betete dennoch für sie, dass Gott ihnen über das hinaus, was sie bereits besassen, die übernatürliche Gabe geben würde, durch Offenbarung eine noch tiefere Gemeinschaft und Kommunikation mit ihm zu erfahren. Da Paulus selbst eine innige Beziehung zu Gott hatte, wünschte er sich für die Christen in Ephesus mehr als nur theologisches oder abstraktes Wissen über diesen Gott. Nicht etwa, dass Letzteres unbedeutend gewesen wäre – ganz im Gegenteil. Paulus war jedoch bewusst: Das Ziel seiner Unterweisung war

Liebe – eine Beziehung aus reinem Herzen (1. Timotheus 1,5).

Eine der Geschichten in der Bibel, die nicht ganz einfach zu verstehen ist, ist die von Hiob. In dem Buch wird gleich zu Beginn deutlich, dass Hiob – jedenfalls verglichen mit anderen – ein gerechter Mann war. Wenn Gott zuerst und vor allem ein Gott der Liebe ist, warum liess er dann diese Tragödie, die Hiob durchmachen musste, überhaupt zu? Aus einem einfachen Grund: Er sehnte sich nach einer innigen Beziehung mit Hiob. Was Hiob nach all dem Unglück hinzugewann, war nicht nur eine grössere Familie und mehr Wohlstand; die wahren Reichtümer werden im letzten Kapitel sichtbar. Dort verkündet Hiob: *«Vom Hörensagen hatte ich von dir gehört, jetzt aber hat mein Auge dich gesehen. Darum verwerfe ich mein Geschwätz und bereue in Staub und Asche»* (Hiob 42,5–6). So gut und treu Hiob am Anfang der Geschichte auch gewesen sein mag – Gott wollte ihn in eine viel tiefere Beziehung mit sich selbst hineinführen. Und um in eine tiefere Beziehung hineinzukommen, reichte es nicht aus, lediglich Wahrheiten über Gott zu hören; Hiob musste mit den «Augen seines Herzens» sehen.

Eines der klassischen theologischen Argumente, welches immer wieder gegen Gemeinden und Christen ins Feld geführt wird, die heute noch Offenbarungen empfangen, ist, dass die Schrift nach dem Abschluss des biblischen Kanons vollständig sei und Gott aus dem Grund keine weiteren Offenbarungen mehr geben würde. Dieser Gedanke gründet sich auf der Annahme, dass jede Offenbarung, die Gott gibt, von gleicher Wichtigkeit ist und dass alle Propheten sich an einem Samuel oder Apostel Johannes messen lassen müssen. Wenn wir uns jedoch ausgiebiger mit dem Thema Prophetie und Propheten in der Bibel beschäftigen, stellen wir fest, dass es tatsächlich unbedeutendere Propheten gab, die ganz legitim von Gott Visionen, Träume und Worte empfingen. Ihre Botschaften hatten allerdings nicht das gleiche Gewicht wie die Offenbarungen, die in die Bibel aufgenommen wurden. Wir wissen beispielsweise, dass es zur Zeit Elias und Elisas wie auch zur Zeit Samuels Propheten und «Prophetensöhne» gab, durch die Gott sprach, aber ihre Botschaften wurden niemals aufgezeichnet. Ihre Offenbarungen waren von Gott lediglich dazu gedacht, die Menschen ihrer Zeit zu segnen und zu ermutigen.

Im Gegensatz dazu waren einige der Worte, die der Heilige Geist durch Propheten wie Jeremia, Hesekiel, Jesaja und viele andere sprach, dazu bestimmt, nicht nur ihre Generation zu segnen, sondern die Gemeinde durch die Geschichte hindurch. Aus dem Grund wurden ihre Botschaften in die Bibel aufgenommen und haben immer noch einen starken Einfluss auf die Gemeinde heute. Philippus, der Evangelist, hatte vier unverheiratete Töchter, die weissagten (Apostelgeschichte 21,9). Sie waren gemäss der Schrift Prophetinnen, doch ihre Worte waren von Gott nicht dazu bestimmt, das gleiche Mass an Autorität zu haben wie andere prophetische Worte – etwa die, welche der Apostel Johannes, während er auf der Insel Patmos war, niederschrieb. Wichtig ist auch zu betonen, dass es einen gewaltigen Unterschied gibt zwischen einer ausserbiblischen Offenbarung und einer nicht biblischen Offenbarung, welche die geistliche Autorität der Schrift schmälert.

Man könnte zusammengefasst auch sagen: Diejenigen, die ausserordentliche Offenbarungen in alttestamentlichen Zeiten empfingen, buchstabiert man «PROPHETEN», und diejenigen, die Offenbarungen in der neutestamentlichen Zeit empfangen, «Propheten». Zur Zeit des Alten Testaments war es die Aufgabe des Propheten, genau zu hören und zu deuten, was Gott sagte. Da der Preis für die Sünde der Menschheit noch nicht bezahlt war, waren nur wenige Menschen von Gott gesalbt, Dinge im Raum des Geistes zu hören und zu sehen. Über die Zeit des Neuen Testaments weissagte Jeremia: *«Dann wird nicht mehr einer seinen Nächsten oder einer seinen Bruder lehren und sagen: Erkennt den HERRN! Denn sie alle werden mich erkennen von ihrem Kleinsten bis zu ihrem Grössten, spricht der HERR. Denn ich werde ihre Schuld vergeben und an ihre Sünde nicht mehr denken»* (Jeremia 31,34). Anders als bei dem prophetischen Dienst der alttestamentlichen Propheten geht es bei dem Offenbarungswissen, über das Jeremia prophezeite und das in neutestamentlichen Zeiten ganz selbstverständlich sein wird, darum, den Herrn zu kennen. Mit anderen Worten weissagte Jeremia, was der Apostel Paulus Hunderte Jahre später sagte, als er der Gemeinde in Rom schrieb: *«Denn so viele durch den Geist Gottes geleitet werden, die sind Söhne Gottes»* (Römer 8,14). Oder wie Jesus den sieben Gemeinden in der Offenbarung durch den Apostel Johannes mitteilte: *«Wer ein Ohr hat, höre, was der Geist den Gemeinden sagt!»*

Weil Abraham, der Freund Gottes, Augen hatte zu sehen, lebte er im Willen Gottes und erlangte das Verlangen seines Herzens. Er schaute von dem Ort der Ruhe auf und sah die Gestalt des Herrn vorübergehen. Als Abraham und Sara dem Herrn dienten, hatten sie Gemeinschaft mit ihm und empfingen darüber hinaus Einsicht in die Dinge, die Gott in ihrer Nachbarschaft zu tun beabsichtigte.

Kurz nachdem meine Frau und ich in den frühen 90er-Jahren nach Toronto, Kanada gezogen waren, fuhr ich mit dem Wagen von Toronto nach Barrie, Ontario, wo ich bei einer Veranstaltung in einer Gemeinde sprechen sollte. Die Fahrt dauerte etwa eine Stunde und währenddessen betete ich für die Treffen, die in den nächsten beiden Tagen stattfinden würden. Insbesondere bat ich Gott, Menschen zu segnen und ihnen seine Barmherzigkeit zu demonstrieren, indem er diejenigen, die verletzt waren, heilte. Während der Fahrt gab der Herr mir eine Vision bzw. ein Bild von einem Mann, der Metall in seinen Knochen und Gelenken hatte und den er heilen wollte. Ich konnte das Gesicht des Mannes nicht sehen; ich hatte lediglich ein Bild von zerschmetterten Knochen und Metall im Skelett vor Augen. Die Veranstaltung verlief ganz normal. Wie immer predigte ich nach der Anbetung und begann anschliessend, den Menschen zu dienen. Ich erwähnte das Bild, welches Gott mir gegeben hatte, und fragte, ob jemand anwesend sei, der Metall in seinen Knochen habe. Ein Mann stand auf, der später ein guter Freund von mir wurde. Sein Name ist Don Lindsey. Als er nach vorn kam, benutzte er eine Gehhilfe.

Nun war der Druck hoch, denn wie jeder deutlich sehen konnte, war Don gehbehindert. Ich gab die Vision weiter, die Gott mir gegeben hatte, und bat die Gemeinde für ihn zu beten, während ich über das Mikrofon ein Gebet sprach. Don schien zu spüren, wie die Kraft des Heiligen Geistes über ihn kam. Ich wartete noch einen Moment und begann dann, anderen Menschen zu dienen. Soweit ich mich erinnern kann, fuhren zwei der Leiter in der Gemeinde fort, für ihn zu beten. Einige Minuten später realisierte ich, dass etwas Aussergewöhnliches geschehen sein musste, denn Don konnte auf einmal ohne Schwierigkeiten laufen und benötige keine Gehhilfe mehr. Ich bat ihn, zur Bühne zu kommen und zu berichten, was gerade geschehen war. Er und seine Frau erzählten, dass er für viele Jahre nicht in der Lage gewesen war, sich ohne Gehhilfe oder Stock fortzubewegen. Er hatte sich bei einem Motorradunfall schwere Verletzungen an seinen Knöcheln und Beinen zugezogen, worauf Stahlplatten in einige Gelenke eingefügt werden mussten, und das hatte zu einem Verlust an Bewegungsfreiheit geführt. Ich fragte ihn, ob er uns etwas vormachen könne, wozu er vor dem Gebet nicht fähig gewesen wäre. Er beugte sich vornüber, wobei er seine Beine gestreckt hielt, und berührte mit den Händen seine Zehen. «Das habe ich seit Jahren nicht mehr machen können», verriet er uns. Er ging nach draussen auf den Parkplatz der Gemeinde und fing an zu laufen. Als er zurückkam, war er ein wenig ausser Atem, doch völlig begeistert. Jahrelang hatte er nicht mehr schnell laufen können. Als er sich nochmals vornüberbeugte und seine Zehen berührte, riss seine Hose im Schritt ein. Es war äusserst komisch, doch Don kümmerte es nicht im Geringsten. Er hatte nämlich gerade ein göttliches Wunder in seinen Knochen und Gelenken erlebt …

Der «Türöffner» für dieses Wunder war im Grunde genommen ein Gespräch, das ich mit Gott führte, während ich im Wagen fuhr. Ich hatte Glauben in meinem Herzen, dass Gott an diesem Abend Menschen heilen wollte. Diese Offenbarung war eigentlich nur ein Gespür, dass Gott bei der Veranstaltung die Kraft seiner Barmherzigkeit demonstrieren wollte. Als ich der Richtung folgte, in die der Herr dieses «Gespräch» lenkte, und ihn bat, verletzte Menschen zu berühren, gab er mir das Bild von einem Skelettsystems, in dem Metall steckte. Für mich ergab das keinen Sinn, für einen gehbehinderten Mann an diesem Abend allerdings schon.

Weil Don Lindsay an dem Tag nicht nur Mobilität, sondern auch neue Lebenskraft gewann, entschloss er sich, eine Gemeinde in Wasaga Beach, Ontario zu starten. Was diese Gemeinde unter anderem auszeichnet, ist, dass die Mitglieder ein grosses Herz für die Armen in der Stadt haben und ihnen dienen. So wie die eine Vision, die Abraham hatte – als er die Gestalt des Herrn vorübergehen sah –, schlussendlich Auswirkungen auf die ganze Menschheit hatte, so hat eine einfache Vision von einigen Knochen zur Gründung einer Gemeinde geführt, die Gottes Barmherzigkeit vielen verletzten Menschen demonstriert.

Als Abrahams Treffen mit Gott sich dem Ende näherte, begann der Herr – in Gestalt der drei Männer – aufzubrechen. In den nächsten Versen lesen wir, wie Gott Abraham seine Pläne, die Stadt Sodom wegen ihrer grossen Sünde zu zerstören, noch offenbart (Verse 20–21). Warum sollte der allmächtige Gott seine souveränen Absichten dem Mann Abraham mitteilen? In Vers 19 heisst es: *«Denn ich habe ihn erkannt, damit er seinen Söhnen und seinem Haus nach ihm befehle, dass sie den Weg des HERRN bewahren, Gerechtigkeit und Recht zu üben, damit der HERR auf Abraham kommen lasse, was er über ihn geredet hat.»* Gott wollte zum einen sicherstellen, dass Abraham seine Nachkommen über die Wege des Herrn belehren würde. Doch der entscheidende Grund, warum Gott sich entschloss, Abraham seine Absichten kundzutun, war, weil er ihm vertraute, denn Abraham war sein Freund. Und als Gottes Freund wusste Abraham, wie man Gott zuhört!

Kapitel 3

Wie ein Freund sprechen

Niemand würde viel … sprechen, wenn er sich bewusst wäre, wie oft er die andern missversteht (Goethe).

Sprich mit mir, wie Verliebte es tun (Annie Lennox).

Der gute Mensch bringt aus dem guten Schatz seines Herzens das Gute hervor …; denn aus der Fülle des Herzens redet sein Mund (Jesus von Nazareth; Lukas 6,45).

Wenn man das Leben von Abraham, den Gott seinen Freund nannte, genauer betrachtet, ragen vier Merkmale in seiner Beziehung zu Gott hervor. Mit den ersten beiden – dem Verlangen nach der Gegenwart Gottes und danach, eine Freundschaft mit ihm zu unterhalten, sowie der Fähigkeit zu hören – haben wir uns bereits beschäftigt. Das dritte Merkmal hat damit zu tun, zu wissen, wie man mit ihm spricht. Würden wir ein gründliches Studium darüber durchführen, was die Bibel über Gebet – also mit Gott zu sprechen – sagt, müssten wir viele Bücher lesen, um dem Thema gerecht zu werden. Bei unserem Studium wollen wir unser Augenmerk lediglich auf die Herzenskommunikation zwischen Freunden richten und darauf, was sie auszeichnet.

Der Song «Here Comes the Rain Again» von den Eurythmics ist ein wirklich starkes und ergreifendes Lied. Es bringt im Grunde den Herzensschrei eines jeden Menschen nach zumindest einer tiefen und persönlichen Beziehung zum Ausdruck, die immerhin den Anschein von Heiligkeit hat. Heilig in dem Sinn, dass man in seinem Herzen weiss: Mehr als in jeder anderen Beziehung wird dieser Freund oder Liebhaber einen als Person wie auch die Gedanken, Träume und Sehnsüchte, die man hat, schätzen und schützen. In dem oben erwähnten Song, singt Anni Lennox «Talk to me, like lovers do» – «Sprich mit mir, wie Verliebte es tun». Der Text und die Art und Weise, wie das Lied gesungen wird, geben den Herzensschrei nach einer solchen Liebesbeziehung wie auch nach bedingungsloser Annahme spürbar wider. In der Realität finden die meisten Menschen jedoch niemals wirklich eine alles umfassende Freundschaft wie diese, denn das Bedürfnis danach offenbart eigentlich ein Vakuum, das Gott in jeden Menschen hineingelegt hat und das nur er füllen kann. Und wenn wir seine grenzenlose Liebe erfahren, werden unsere Herzen überfliessen und wir werden befähigt, uns selbstlos an andere geliebte Menschen und Freunde zu verschenken. Der Dichter Henry David Thoreau erkannte diese universale Leere und verfasste die folgenden Worte: «Die meisten Männer führen ein Leben in stiller Verzweiflung und gehen ins Grab, ohne ihr Lied gesungen zu haben.»

Ein weit verbreitetes Missverständnis unter vielen Menschen ist, dass sie glauben, wenn sie ihr Leben Jesus Christus hingeben, hätten nun alle Probleme ein Ende. Die Bibel warnt jedoch ganz im Gegenteil vor vielen Schwierigkeiten, die sowohl Gerechte wie auch Ungerechte durchmachen müssen. In Psalm 34,19 heisst es: *«Vielfältig ist das Unglück des Gerechten, aber aus dem allen rettet ihn der HERR.»* Jesus sagte voraus, dass seine Jünger in dieser Welt bedrängt werden würden. Doch die gute Nachricht ist: Weil er die Welt überwunden hat, können wir guten Mutes sein (Johannes 16,33). Die Bibel verheisst also nicht, dass die Nachfolger Christi gegen alle Sorgen und Schmerzen in dieser Welt immun sind, sondern dass uns eine alles erfüllende Beziehung zur Verfügung steht und uns aufgrund dessen die Enttäuschungen und Leiden im Leben den Frieden und die Freude in unserem Herzen nicht rauben werden können!

Eine Kritik, die Nicht-Christen in der Regel gegen uns anführen, ist, unecht zu sein – wobei mit «unecht» gemeint ist, eine schöne Fassade zu haben, ohne viel Tiefgang zu besitzen. Bedauerlicherweise ist diese Kritik mitunter berechtigt. Eine solche Oberflächlichkeit tritt gewöhnlich dann zutage, wenn Probleme und Schwierigkeiten auftauchen. Wenn ein Christ in diesen Momenten lediglich Schriftstellen zitieren und Klischees weitergeben kann, zeigt dies, dass er keine Substanz hat. Damit möchte ich nicht sagen, dass das Auswendiglernen und Zitieren von Schriftstellen unbedeutend sei. Genau das Gegenteil ist wahr. Die Bibel ist jedoch kein Selbstzweck. Sie ist Gottes inspiriertes Wort im Hinblick auf ihn als Person wie auch die Beziehung, nach der er sich zu jedem von uns sehnt.

Alle Jünger Christi sollten das geschriebene Wort immer besser kennenlernen. Wenn jedoch unser verstandesmässiges Wissen über das Wort Gottes nicht einhergeht mit einer Beziehung zu dem Wort selbst – zu Jesus –, werden wir wie Häuser sein, die auf Sand gebaut sind. Wenn widrige Winde kommen, werden wir nicht in der Lage sein, stehen zu bleiben. Die Bibel ist mehr als nur eine Zusammenstellung von Wahrheiten oder Prinzipien. Es geht darin, wie bereits gesagt, um die Person Gottes und wie wir eine Beziehung zu ihm führen können. Und es sei denn, diese Beziehung kommt an den Punkt, wo Jesus zu unserem Herrn, Retter, Liebhaber und besten Freund wird, werden wir den Stürmen des Lebens nicht siegreich standhalten können. Statt von Herrlichkeit zu Herrlichkeit werden wir dann von Schwierigkeit zu Schwierigkeit gehen. Die Realität der Freundschaft, in die Gott uns hineinruft, beschreibt Jakobus, wenn er sagt: *«Haltet es für lauter Freude, meine Brüder, wenn ihr in mancherlei Versuchungen geratet»* (1,2). Jakobus sprach hier sicherlich nicht von Christen, die unecht sind und ein strahlendes Gesicht in Zeiten von Leiden und Verzweiflung aufsetzen. Ansonsten würde Salomos Feststellung, dass es «Zeit fürs Klagen und Zeit fürs Tanzen» gebe, keinen Sinn ergeben (Prediger 3,4).

Wenn wir uns näher mit dem Thema Freude auseinandersetzen, wird klar: Biblische Freude basiert auf einer anderen Grundlage als weltliche Freude. In der Welt ist

Freude meist abhängig von äusserem Erfolg sowie Popularität und Wohlstand. Gottes Definition von Freude steht in direktem Widerspruch zu der des Menschen. Die Freude, mit der er unsere Herzen erfüllen möchte, gründet sich darauf, seine grosse Liebe für uns zu kennen. Diese Liebe beinhaltet natürlich auch seinen Schutz und seine Versorgung. Aber die dahinterliegende biblische Wahrheit ist, dass uns selbst in Zeiten von grossem Druck und Verfolgung nichts von seiner Liebe trennen kann. Paulus nannte den Frieden, den Gott uns gibt, einen Frieden, «der allen Verstand übersteigt». Inmitten von Trauer, Spannungen und Schwierigkeiten will er uns eine Stärke schenken, dass wir Zeiten der Trauer und der Niederlage überleben und von Herrlichkeit zu Herrlichkeit gehen können. Eine wichtige Wahrheit, die aber oft ausgelassen wird, ist, dass es auf dem Weg von Herrlichkeit zu Herrlichkeit auch Täler gibt.

Bischof Joseph Garlington, ein Freund von mir, den ich oft über Psalm 84 habe predigen hören, zitiert gern die Verse 7–8, wo es heisst: «*Sie gehen durch das Tränental und machen es zu einem Quellort. Ja, mit Segnungen bedeckt es der Frühregen. Sie gehen von Kraft zu Kraft. Sie erscheinen vor Gott in Zion.*» Wenn er diese Verse näher auslegt, zieht er das Wörtchen «zu» immer in die Länge und spricht es «zuuuuu» aus. Der Punkt, den er machen möchte, ist: Wenn wir von Kraft zu Kraft und von einem Quellort zum nächsten gehen, werden wir ganz sicher durch Zeiten und manchmal sogar durch längere Zeitabschnitte der Trockenheit und Schwachheit gehen. Gott gebraucht diese Zeiten jedoch, um uns an einen Ort zu bringen, an dem wir lernen, ihm noch mehr zu vertrauen und uns von ihm abhängig zu machen. Dabei ist wichtig zu betonen: Egal wie trocken, frustrierend oder leer dieser «Zuuuuu»-Abschnitt ist, seine Liebe ist zu jeder Zeit real und wir dürfen sie erleben und uns daran erfreuen. Es gibt Frieden inmitten von Schmerz. Es gibt Freude in Zeiten des Verlusts. Wenn wir allerdings nur auf diese Freude hoffen, sie aber nicht erfahren, wird es keinen Unterschied geben zwischen uns und denen, die Gott nicht kennen. Erfüllt sie sich jedoch, wird die Realität des Reiches Gottes sichtbar, und diejenigen, die Christus nicht nachfolgen, werden nur verwundert den Kopf schütteln.

Die gute Nachricht ist: Gott bietet uns seine Liebe, Gnade, Barmherzigkeit und Freundschaft an und wir können aufgrund dessen durch schwierige Zeiten hier auf der Erde gehen, ohne unsere Freude zu verlieren. Es mag Tränen der Trauer geben, doch wie wir in Psalm 9,10 lesen: *«Dem Unterdrückten ist der HERR eine hohe Feste, eine hohe Feste in Zeiten der Bedrängnis.»* Oder wie der Apostel Paulus der Gemeinde in Korinth schrieb: *«In allem sind wir bedrängt, aber nicht erdrückt; keinen Ausweg sehend, aber nicht ohne Ausweg; verfolgt, aber nicht verlassen; niedergeworfen, aber nicht vernichtet; allezeit das Sterben Jesu am Leib umhertragend, damit auch das Leben Jesu an unserem Leibe offenbar werde»* (2. Korinther 4,8–10).

Eine alles durchdringende und alles überragende Freude, wie Gott sie uns schenken möchte, erfahren wir einzig und allein in einer innigen Beziehung mit ihm. Die ständige Nähe zu Gott bringt in uns einen lebendigen Glauben für seine Absichten, aber auch in ihn als Person hervor. Und dieser Glaube in die Person Gottes und für seine Absichten stärkt in uns das Vertrauen, als Freunde und Liebhaber zu ihm sprechen zu können.

Das bedeutet nicht, in einer lässigen oder familiären Weise ohne Ehrfurcht mit Gott zu sprechen. Der Schreiber des Hebräerbriefs drückt es sehr gut aus, wenn er schreibt: *«Lasst uns nun mit Freimütigkeit hinzutreten zum Thron der Gnade, damit wir Barmherzigkeit empfangen und Gnade finden zur rechtzeitigen Hilfe!»* (Hebräer 4,16). Aus dieser Freimütigkeit heraus suchen wir Gott nicht nur in der Zeit der persönlichen Not; sie bringt uns auch dazu, ihn um der Verletzungen und der Nöte anderer Menschen willen zu suchen. Jesus, unseren besten Freund, und sein Herz zu kennen befähigt uns – wie Jack Hayford es nennt –, «in den Bereich des Unmöglichen einzudringen», oder wie ich es manchmal ausdrücke, Fürbitte zu tun, die die Geschichte verändert!

Weiter in der Geschichte von Gottes Besuch bei Abraham lesen wir in 1. Mose 18,22–23, dass Abraham, als der Herr sein Zelt bereits verlassen und sich auf den Weg nach Sodom und Gomorra machen wollte, noch einmal an Gott herantrat. Wie wir im letzten Kapitel gesehen haben, hatte Gott seine Pläne, die Stadt Sodom zerstören zu wollen, vor Abraham nicht verborgen, weil er sein Freund war. Genau genommen hatte Abraham «Ohren zu hören, was der Geist sagte». Die Frage, die sich uns nun stellt, ist: Was tat er mit dieser Offenbarung?

Weil Abraham Gottes Freund war, kannte er sein Herz. Diese Freundschaft veranlasste Abraham, zu Gott zu sprechen, wie Freunde es tun. Er tat das nicht ohne Ehrfurcht, doch er trat an Gott heran mit dem Ziel, seine Meinung zu ändern! Der Ausdruck «Gottes Meinung zu ändern» scheint zunächst völlig absurd zu sein und zu verwegen, um ihn überhaupt in Betracht zu ziehen. Gott ist schliesslich Gott; er ist allwissend und allmächtig. Was denken wir, wer wir sind, dass wir seine Meinung ändern könnten? Massen wir uns wirklich an, es besser zu wissen als er? Tatsache ist, wenn wir tatsächlich daran glauben, was Jesus am Kreuz errungen hat, wissen wir: Wir sind Gottes angenommene Söhne und Töchter!

Auch wenn wir nicht auf der gleichen Autoritätsstufe stehen wie Jesus, der der eingeborene Sohn Gottes ist, nennt Gott uns nichtsdestotrotz seine Söhne und Töchter. Ganz sicher wissen wir es nicht besser als Gott, doch als seine Söhne und Töchter sind wir zu Friedensstiftern berufen! Weil Jesus unser Herr und grosser Bruder ist, erwartet der Vater von uns, in seine Fussstapfen zu treten und Mittler zwischen Gott und Mensch zu sein. Darum sagte Jesus nach seiner Auferstehung, als er seine Jünger anhauchte und sie wiedergeboren wurden, die erstaunlichen Worte zu ihnen: «*Wenn ihr jemandem die Sünden vergebt, dem sind sie vergeben, wenn ihr sie jemandem behaltet, sind sie ihm behalten*» (Johannes 20,23).

Als Jesus dem Gelähmten erklärte, seine Sünden seien vergeben, merkten die religiösen Führer und Kritiker zu Recht an, nur Gott könne Sünden vergeben (Matthäus 9,1–3). Was sie nicht erkannten, war: Jesus war Gott – er war Immanuel, Gott in ihrer Mitte. Auch wenn es stimmt, dass wir nicht Jesus sind – der eingeborene Sohn Gottes – und keinen Anteil an der Dreieinigkeit haben, sind wir doch Gottes angenommene Söhne und Töchter. Und als solche hat Gott uns Autorität gegeben, ihn zu bitten und dazu zu bringen, seine grosse Barmherzigkeit, Gnade und Macht zu demonstrieren. Und weil Abraham Gottes Herz kannte, versuchte er, genau das zu tun.

Als Abraham von Gottes Plänen vernahm, erwiderte er: *«Willst du wirklich den Gerechten mit dem Ungerechten wegraffen? Vielleicht gibt es fünfzig Gerechte innerhalb der Stadt. Willst du sie denn wegraffen und dem Ort nicht vergeben wegen der fünfzig Gerechten, die darin sind? Fern sei es von dir, so etwas zu tun, den Gerechten mit dem Ungerechten zu töten, so dass der Ungerechte wäre wie der Gerechte; fern sei es von dir! Sollte der Richter der ganzen Erde nicht Recht üben?»* (1. Mose 18,23–25).

Wenn wir Abrahams einleitende Worte einmal vor dem Hintergrund betrachten, dass Gott der grosse «Ich bin» ist, der Gott Jahwe, scheinen sie sowohl schockierend wie auch anmassend zu sein. Was meint er, wer er ist, dass er ausrufen kann: *«Fern sei es von dir, …»*? Es ist, als würde er sagen: «Komm schon, nimm dich zusammen, Gott! Denkst du nicht, dass du ein wenig überreagierst?» Wie wir den nachfolgenden Worten Abrahams entnehmen können, demonstrierte er genau genommen sowohl Demut wie auch Respekt.

Doch es sei denn, dass man eine tiefe Freundschaft zu Gott hat, ist es schwierig, die Unterhaltung, die Abraham mit Gott führte, in dem richtigen Licht zu sehen – und das ist unser Problem. Auch wenn Gott immer noch Gott war und Abraham wusste, mit wem er es zu tun hat, bewegte sich das Gespräch im Rahmen einer Freundschaft, die von Respekt bestimmt war.

Die meisten Lehren und Predigten, die wir hören, mögen schriftgemäss sein. Wenn derjenige, der lehrt, allerdings keine Liebesbeziehung bzw. enge Freundschaft mit Gott pflegt, wird er nicht wirklich in der Lage sein, die Fülle von all dem, was in den biblischen Geschichten enthalten ist, zu vermitteln. Gottes Umgang mit dem Menschen entspringt seinem Herzen der Liebe; darum ist jemand, dessen Herz nicht in dieser Liebe gegründet ist, schlichtweg nicht in der Lage, angemessen über die Wahrheit in Person zu sprechen. Es sei denn, dieser Lehrer oder Prediger liebt Gott und ist sich der Liebe Gottes bewusst, wird er immer dazu tendieren, über die Prinzipien und Gebote der Bibel zu lehren, aber nicht über das Herz Gottes. Paulus schrieb Timotheus: *«Das Endziel der Weisung* (Lehre) *aber ist Liebe aus reinem Herzen und gutem Gewissen und ungeheucheltem Glauben»* (1. Timotheus 1,5). Den Aposteln in der frühen Gemeinde ging es um viel mehr, als Menschen zuzurüsten, die von den richtigen Prinzipien und Moralvorstellungen geleitet wurden. Sie wollten Anbeter, Jünger und Liebhaber hervorbringen!

Abraham hielt Gott nicht unbedingt an, seine Entscheidung im Hinblick auf das Schicksal von Sodom zu überdenken. Er appellierte an das Herz Gottes. In seiner Allwissenheit sah Gott bereits voraus, wie Abraham reagieren würde. Als Jesus mit den beiden Jüngern in Emmaus ankam, wusste auch er im Vorhinein, dass sie ihn dort festhalten würden. Bei ihrer Ankunft in der Stadt heisst es jedoch im Text: «*... er stellte sich, als wollte er weitergehen*» (Lukas 24,28). Jesus war klar, er würde sich hinsetzen und mit ihnen essen, doch er wollte, dass sie ihn baten, zu bleiben! In gleicher Weise sah es so aus, als ob Gott an Abraham vorbeigehen wollte. Aber in Wahrheit erwartete er, dass Abraham ihn bitten würde, es nicht zu tun! So wünscht sich Gott auch von jedem von uns, dass wir auf seine Gegenwart eingehen!

Einige sehen das Hohelied als eine Allegorie, in der Jesus um seine Braut wirbt. In dieser Geschichte, in der es um zwei Liebende geht, lesen wir in Kapitel 5, wie der Bräutigam müde wird, während er an die Tür seiner Braut klopft und darauf wartet, dass sie ihm öffnet. Es könnte ein Bild dafür sein, dass wir den Geist Jesu betrüben, wenn wir nicht hören, wie er heute an die Tür der Gemeinde klopft. Der junge Liebhaber im Hohelied zieht sich enttäuscht zurück. Die Braut erhebt sich schliesslich von ihrem Lager der Selbstzufriedenheit und öffnet die Tür, doch ihr Liebhaber ist nicht mehr da. Verzweifelt läuft sie durch die Strassen der Stadt und wird von den Wächtern verwundet (Hohelied 5,7). Warum? Wenn dies ein Gleichnis für die Liebe ist, die Jesus für seine Gemeinde ist, warum lässt er das dann zu? Aus dem gleichen Grund, aus dem er zuliess, dass Petrus von Satan wie Weizen gesichtet wurde (Lukas 22,31–32). Petrus sollte umkehren und abermals von dem Gefühl der Ehrfurcht und Bewunderung ergriffen werden, welches ihn erfüllte, als er Jesus zum ersten Mal im Boot begegnet war.

Früher habe ich manchmal abends mit meinen drei kleinen Kindern Verstecken in unserem Haus gespielt. Heute ist meine jüngste Tochter Taylor achtzehn Jahre alt und viel cleverer als noch mit vier oder fünf Jahren. Wenn ich damals auf Reisen war, habe ich Taylor am Telefon versprochen, wir würden Verstecken spielen, wenn ich wieder zu Hause sei. Sie brach darauf in schallendes Gelächter aus. Ihr war klar, dass sie sich bei unserem Spiel nicht allzu lange vor mir verbergen konnte, doch sie hatte einfach Freude daran, sich zu verstecken und dann gefunden zu werden. Oftmals fragen wir uns, warum Gott anscheinend so schwer greifbar ist. Wenn er sich wirklich nach unserem Herzen sehnt, warum ist es manchmal so schwierig, ihn zu finden? Gott hat ganz einfach Freude daran, gesucht zu werden – wie es einem liebenden Vater mit seinen Kindern oder einem Liebhaber mit seiner Geliebten ergeht. Wie der Apostel Johannes schreibt, hat Gott uns zuerst geliebt (1. Johannes 4,19). Doch er wünscht sich, dass wir die Leidenschaft, die er für uns hat, erwidern, indem wir ihn suchen. Aus dem Grund schreibt Jakobus: *«Naht euch Gott! Und er wird sich euch nahen.»* Gott der Vater hat sich zuerst in Bewegung gesetzt und uns eingeladen, indem er uns Jesus gegeben hat. So wie das arme Aschenputtel, das nichts als Lumpen besass, vom Prinzen zum Ball eingeladen wurde, halten wir Gottes Einladung in unseren Händen. Die Frage ist: Haben wir auch das Verlangen, uns ihm zu nahen? Geben wir uns mit Mittelmässigkeit zufrieden oder jagen wir der hohen Berufung nach? Was uns gestern noch begeisterte, kann heute normal sein und uns morgen schon langweilen, wenn wir uns entscheiden, darin zu verharren – so ist das Leben. Oder wie der Sänger und Songwriter Bruce Cockburn es ausdrückte: «Das Problem mit dem Normalen ist, dass es immer schlimmer wird!»

Wenn sich unsere Beziehung zu Gott vertieft, erreichen wir irgendwann den Punkt, wo er uns den Ball zuwirft. David sagte, eins habe er vom Herrn erbeten, die Freundlichkeit des Herrn anzuschauen. Oder wie der Apostel Paulus es formulierte: *«Ich … jage auf das Ziel zu, hin zu dem Kampfpreis der Berufung Gottes nach oben in Christus Jesus»* (Philipper 3,14). Es ist oft nur eine feine Linie zwischen Anmassung und Kühnheit im Reich Gottes. Anmassend sein bedeutet, Dinge zu fordern, die nicht dem Willen Gottes entsprechen, sondern unseren eigenen Wünschen oder Vorstellungen. Auch wenn es für diejenigen, die Gott nicht wirklich kennen, genauso aussehen mag, heisst kühn sein dagegen, grossen Glauben in die Dinge Gottes zu haben, weil wir mit ihm, seinem Willen und seinen Wegen vertraut sind. Jemand, der beispielsweise für ein Luxusauto betet, das er gar nicht braucht, und meint, er müsse es nur benennen und könne es dann beanspruchen, handelt sehr wahrscheinlich aus eigennützigen Motiven. Der Apostel Jakobus schreibt: «*...; ihr bittet und empfangt nichts, weil ihr übel bittet, um es in euren Lüsten zu vergeuden*» (Jakobus 4,3). Solch ein Gebet wäre nicht nur fleischlich, sondern sogar anmassend. Andererseits kann jemand für Dinge beten, die mit dem Reich Gottes zu tun haben – für Sündenvergebung, Freisetzung, Heilung etc. –, was anderen kühn oder sogar dreist erscheinen mag, da sie keine innige Beziehung zu Gott haben und seine Wege nicht kennen.

Gemäss Psalm 103,7 kannte Mose im Gegensatz zu den meisten anderen Israeliten, die nur die Taten Gottes kannten, seine Wege. Weil Mose mit dem Herz Gottes vertraut war, versuchte er ihn zu überzeugen und schien ihn bei mindestens einer Gelegenheit umzustimmen. Wie wir in 2. Mose 32,9–10 lesen, war Gott derart zornig über das Volk, dass er Mose mitteilte, er würde es zerstören und Mose eine andere Nation geben. Doch wie Abraham viele Generationen zuvor flehte Mose Gott an, es nicht zu tun. Es heisst in 2. Mose 32,14: «*Da lenkte der HERR ein und liess das angedrohte Unheil nicht über sie hereinbrechen*» (HFA).

Was es bedeutet, Gott zum Einlenken zu bringen, kann nur im Gesamtkontext mit den anderen Attributen Gottes verstanden werden. Gott ist allmächtig und kann selbstverständlich tun, was ihm gefällt. Doch seinem Wort zufolge ist sein innerster Wesenszug Liebe. Obgleich er also souverän ist – fähig zu tun, was ihm gefällt –, hindert ihn sein grosses Herz daran, gewisse Dinge auszuüben. Wir müssen uns einen weiteren wichtigen Aspekt vor Augen führen, wenn wir Gebet verstehen wollen: Der allwissende Gott hat uns erwählt, durch die Geschichte hindurch durch Fürbitte zu intervenieren. Er erwartet sogar von seinen Freunden und Söhnen, Friedensstifter zu sein, die – wie Jesus es vor uns getan hat – in den Riss treten und als Mittler zwischen dem heiligen Gott und den sündigen Menschen agieren. Doch es sei denn, dass wir als das Volk Gottes Ohren haben zu hören, was der Geist sagt, werden wir den Willen Gottes für die Zeit, in der wir leben, nicht verstehen. Es ist auch nicht damit getan, Ereignisse lediglich prophetisch vorherzusehen. Wir müssen dem Herzen Gottes gemäss beten, wie Abraham und Mose es getan haben. Wenn wir nur die Charaktereigenschaften Gottes kennen, werden wir, wenn Gott uns eine Offenbarung gibt, wie er sie Abraham oder Mose gegeben hat, ihm einfach zustimmen. Es wäre leicht für Mose gewesen zu sagen: «Ja Gott, du hast recht, es ist ein starrköpfiges Volk. Mach schon, verzehre sie alle miteinander!»

Auf diese Weise haben, wie ich glaube, die meisten evangelikalen Gemeinden auf die Homosexuellenbewegung reagiert, die in den späten 70er- und den 80er-Jahren ihren Anfang nahm – mit Empörung und scheinbar gerechtem Zorn. Viele Evangelikale haben sich darüber hinaus angemasst, den Ausbruch von Aids öffentlich als ein deutliches Zeichen des Gerichts Gottes über Homosexuelle auszulegen. Und in den wenigsten Fällen kam bei diesen

Belehrungen Gottes Liebe und Barmherzigkeit zur Sprache. Aufgrund dessen haben sich meiner Meinung nach Türen geschlossen und wir haben die Gelegenheit verpasst, einem immer grösser werdenden Teil der Gesellschaft, der wahrlich verletzt und verloren ist, die Liebe Gottes zu demonstrieren. Dementgegen tat Abraham, als er von Gottes Plänen hörte, Sodom zu zerstören, dem Herzen Gottes gemäss Fürbitte für die Stadt. Wenn jemals eine Gruppe von Menschen ein schnelles gerechtes Urteil verdient hätte, wäre es die von dämonischen Kräften aufgeladene Menge vor Pontius Pilatus gewesen, die schrie: «Kreuzige ihn», als Pilatus fragte, ob er Jesus freilassen solle. Doch Jesus, der in grossem Schmerz und Leid am Kreuz für unsere Sünden litt, stiess hervor: «Vergib ihnen, denn sie wissen nicht, was sie tun.»

Weil Abraham Gottes Freund war, kannte er das Herz Gottes. Aus dem gleichen Grund schrieb der Apostel Paulus Tausende Jahre später der Gemeinde in Rom, dass es die Güte Gottes ist, die Menschen zur Busse leitet (Römer 2,4). Liebe ohne Wahrheit ist gefährlich, aber Wahrheit ohne Liebe tötet! In Jesus Christus sind sich Gnade und Wahrheit begegnet, Gerechtigkeit und Frieden haben sich geküsst» (Psalm 85,11).

Sünde muss Sünde genannt werden! Wann immer die Gemeinde das nicht tut und Kompromisse mit der Welt eingeht, verliert sie ihre Glaubwürdigkeit und wird irrelevant. Wenn verborgene Sünde in einer örtlichen Gemeinde ignoriert oder unter den Teppich gekehrt wird, kann das dazu führen, dass diese Gemeinde der Kraft und Führung des Heiligen Geistes beraubt wird. Er ist schliesslich der «heilige» Geist! Unser Gott ist ein heiliger Gott. Derjenige jedoch, der seine Wege und nicht nur seine vergangenen Taten kennt, weiss, wie man wirklich Fürbitte tut und zu ihm als Freund spricht. Ein solcher Freund, der das Herz Gottes in seiner Tiefe kennt, wird auch Gottes Absichten kennen und dafür beten, anstatt religiös zu reagieren.

Die meisten von Ihnen haben schon des Öfteren die folgende Situation erlebt: Sie stehen am Arbeitsplatz, in der Schule oder in der Gemeinde inmitten einer Menschenmenge und reden mit einem guten Freund. In dem Gespräch geht es um persönliche Dinge, die einem oder beiden von Ihnen sehr wichtig sind. Dann kommt auf einmal ein dritter Freund hinzu, mit dem Sie jedoch nicht so vertraut sind wie miteinander. Normalerweise würden Sie sich freuen, ihn zu begrüssen. Doch weil Sie zu ihm nicht die gleiche enge Beziehung haben wie zu dem anderen Freund, wechseln Sie schnell das Gesprächsthema. In einer anderen Situation kommt vielleicht ein beiläufiger Bekannter auf Sie zu und beginnt, sein Herz auszuschütten und von Problemen zu erzählen, die er seit einiger Zeit hat. Und auch wenn Sie gern Verständnis aufbringen und ihm einen guten Ratschlag geben würden, denken Sie doch insgeheim, er solle endlich einmal sein Leben in den Griff bekommen. Später spricht Sie dann ein guter Freund an und klagt über Dinge, die nicht halb so schlimm sind wie die, von denen Sie zuvor gehört haben. Bei dem ersten Gespräch konnten

Sie nicht abwarten, bis es endlich vorbei ist. Ihrem guten Freund jedoch hören Sie aufmerksam zu. Warum ist das so? Die Tatsache, dass wird das Herz dieses Freundes kennen und ihn lieben, macht den wesentlichen Unterschied. So ist es auch mit Gott. Ebenso wie Gott möchte, dass wir Ohren haben, um zu hören, was der Heilige Geist uns sagt, hat er Ohren, um zu hören, was wir als seine Freunde ihm sagen. Und jeder von uns, der Gottes Herz kennt, kann zu ihm als Freund sprechen!

Die Geschichte, in der Gott Abraham mitteilte, Sodom zerstören zu wollen, endete so, dass Gott die Stadt tatsächlich zerstörte. Doch er tat es nicht, ohne vorher seinem Freund Abraham genügend Zeit zu geben, an sein grosses Herz zu appellieren!

Abraham hatte Gott zunächst gefragt, ob er einlenken würde, wenn fünfzig Gerechte in der Stadt gefunden würden. Zum Schluss fragte er ihn: «Was ist, wenn dort zehn Gerechte sind – wirst du die Stadt dann dennoch zerstören?» Tatsächlich gab es noch nicht einmal zehn Gerechte in Sodom. Doch wenn es sie gegeben hätte, erklärt Gott uns, hätte er auf seinen Freund Abraham gehört und eingelenkt! Die Frage, die wir – jedenfalls solange wir auf dieser Erde sind – nicht beantworten werden können, ist: Was wäre geschehen, wenn Abraham bis auf zwei Gerechte weiter mit Gott gehandelt hätte? Wäre die Stadt dann verschont geblieben?

Abraham kannte den Herrn, seinen Gott. Er kannte ihn nicht nur aus historischer Sicht, er kannte ihn als Freund aufgrund einer persönlichen Beziehung zu ihm! Eine der vielleicht am häufigsten zitierten Stellen in der Bibel ist das Wort von Jesus: «...; *und ihr werdet die Wahrheit erkennen, und die Wahrheit wird euch frei machen*» (Johannes 8,32). Jesus, die Wahrheit selbst, setzt uns frei. Es ist wichtig, dass wir das geschriebene Wort Gottes kennen, damit wir eine Grundlage in unserem Leben haben und mit seinen Geboten und Prinzipien vertraut sind. Rettung, Befreiung und Heilung finden wir jedoch in seiner Gegenwart, die mit uns ist. Wir sind dazu berufen, Gottes Freund zu sein, wie Abraham es war. Gott möchte, dass wir nicht nur seine Taten, sondern seine Wege kennen – das, was ihn bewegt!

Kapitel 4

Radikale Freundschaft – radikaler Gehorsam

Wenn ihr mich liebt, so werdet ihr meine Gebote halten; ... (Jesus im Johannesevangelium 14,15).

Ihr seid meine Freunde, wenn ihr tut, was ich euch gebiete (Jesus im Johannesevangelium 15,14).

In den vorangegangenen vier Kapiteln haben wir uns mit der Fähigkeit Abrahams auseinandergesetzt, die Gegenwart Gottes zu kultivieren, zu Gott zu sprechen und von Gott als Freund zu hören. In diesem Kapitel möchte ich näher auf den vierten Aspekt eingehen, der Abrahams Freundschaft zu Gott prägte – seinen radikalen Gehorsam.

In Johannes 15,12–15 lesen wir: «*Dies ist mein Gebot, dass ihr einander liebt, wie ich euch geliebt habe. Grössere Liebe hat niemand als die, dass er sein Leben hingibt für seine Freunde. Ihr seid meine Freunde, wenn ihr tut, was ich euch gebiete. Ich nenne euch nicht mehr Sklaven, denn der Sklave weiss nicht, was sein Herr tut; euch aber habe ich*

Freunde genannt, weil ich alles, was ich von meinem Vater gehört, euch kundgetan habe.»

Johannes 15 gehörte schon immer zu meinen Lieblingspassagen in der Bibel, wenngleich in allen vier Evangelien grosse Schätze zu finden sind. Einer der Gründe, warum ich diesen Abschnitt so liebe, ist, weil Jesus uns darin eine starke und zugleich einfache Verheissung gibt. Er sagt, wenn wir in ihm bleiben, werden wir viel Frucht zu seiner Ehre hervorbringen. Manchmal komplizieren wir das Wort Gottes mit unseren Formeln und Methoden derart, dass wir fast aus den Augen verlieren, was Jesus am Kreuz für uns erworben hat. Wir sind so fixiert darauf, den neunundzwanzig grundlegenden Schritten zu folgen, die uns zu den dreiunddreissig wichtigen Schlüsseln führen, dass wir die Person Gottes am Kreuz völlig vergessen. Das endet meist damit, dass wir ihm auf religiöse Weise zu gefallen suchen, indem wir uns abmühen. Ein weiterer Grund, warum ich Johannes 15 schätze, ist, weil darin offenbar wird, was es uns kostet, Gottes Freund zu werden!

Die ersten drei Aspekte, die wir uns im Hinblick auf Abrahams Freundschaft mit Gott angesehen haben, lassen sich nur schwer messen – ähnlich wie wenn ein Prediger uns sagt, wir sollten mehr beten. Auf einen Grossteil der Gemeinde trifft das eigentlich immer zu. Ganz gleich, wie gut unser Gebetsleben ist, wir können stets mehr beten. Und wenn es darum geht, Gott anzubeten und eine innige Beziehung zu ihm aufzubauen, werden wir niemals den Punkt erreichen, wo wir hier auf Erden sagen können, wir seien angekommen. In Johannes 15 lesen wir dann allerdings diese einfachen und gleichzeitig tiefgründigen Worte: *«Ihr seid meine Freunde, wenn ihr tut, was ich euch gebiete.»* Freundschaft mit Gott setzt Gehorsam voraus!

Im letzten Kapitel haben wir uns damit beschäftigt, wie wir sowohl in einer Haltung der Ehrfurcht wie auch aus einer Freundschaft heraus mit Gott sprechen können. Wenn man über lange Zeit mit religiösen Menschen und Systemen vertraut war, führt das zu Gesetzlichkeit und Hartherzigkeit. Wenn man dagegen mit Gott vertraut ist, führt das zu Anbetung, Demut und einem dankbaren Herzen! Indem wir immer mehr lernen, Gottes Wege zu gehen, wie Abraham und Mose es taten, werden wir feststellen, dass seine Wege zu Heilung und einem Leben in Fülle führen. Obwohl wir uns an den Segnungen und der Versorgung Gottes erfreuen können, müssen wir uns auch immer mehr seiner Herrschaft in unserem Leben bewusst werden. Täglich müssen wir das Kreuz der Liebe auf uns nehmen!

Die Grundlage des Gebets

Als die Jünger Jesus baten, sie zu lehren, wie man betet, brachte er ihnen zuerst bei, Gott den Vater zu ehren. «Der Alte an Tagen», wie Daniel ihn nannte, wurde von den Aposteln Johannes, Paulus und Petrus bisweilen auch als «der Gott unseres Herrn Jesus Christus» bezeichnet. Indem Jesus die Jünger lehrte, ihn zu ehren und anzubeten, hielt er sie an, danach zu trachten, dass sein Reich kommt und sein Wille geschieht. In der Bergpredigt, diesem gewaltigen Bibelabschnitt, lehrte Jesus sein Volk, zuerst das Reich Gottes zu suchen (Matthäus 6,33).

In vielen Ländern in der westlichen Welt gebrauchen wir das aus dem Griechischen stammende Wort Monarch bzw. Monarchin für einen König bzw. eine Königin. Das griechische Wort setzt sich aus zwei Teilen zusammen – «mónos» und «árchein». *Mónos* bedeutet «ein» und *árchein* bedeutet «herrschen». Als Jesus über das Leben und Gebet lehrte, hielt er uns im Grunde an, zuerst nach der Herrschaft des grossen Königs, des Gottes unseres Herrn Jesus Christus, in unserem Leben zu trachten!

Obwohl heutzutage in vielen Gemeinden demokratische Prinzipien zur Anwendung kommen, ist das Königreich Gottes eine Theokratie und bestimmt keine Demokratie! Biblisch gesprochen besteht die Gemeinde aus denjenigen, die zum Reich Gottes gehören. Viele Gemeinden gehen jedoch nicht nach den Gesetzen des Königreiches vor. Man ist dort mehr auf sich selbst fokussiert und weniger darauf, dass sich das Reich Gottes ständig weiter ausbreitet.

Wenn die Vision der Gemeinde nach innen gerichtet ist, wird das Reich Gottes immer zu kurz kommen. Lesen wir die Evangelien mit einer Reich-Gottes-Perspektive, entdecken wir, dass der Fokus dort ganz klar nach aussen und nicht nach innen, auf den Dienst an anderen und nicht auf das Selbst gerichtet ist.

Um etwas mehr Licht in das Ganze zu bringen, ist es hilfreich, das Wort Gemeinde (griech. *ecclesia*) in den Evangelien nachzuschlagen. Es taucht dort – abhängig davon, welche Bibelübersetzung man verwendet – nur zwei oder drei Mal auf. Im Gegensatz dazu kommt das Wort für Reich oder Königreich (griech. *basileia*) einhundertneun Mal vor. Hier geht es um viel mehr als um sprachliche Begrifflichkeiten – es geht um einen kompletten Denkansatz! Die Frage, die sich uns stellt, ist: Demonstrieren wir eine selbstzentrierte «Segne mich»-Haltung oder orientieren wir uns an dem Gebet Jesu: «Vater, nicht mein Wille, sondern dein Wille geschehe!»

Wenn wir wirklich Gottes Freund werden wollen, müssen wir ihn kennen als den, den unsere Seele liebt, wie auch als den grossen «Ich bin». Wir müssen Jesus kennen als das Lamm Gottes, welches die Sünde der Welt wegnahm, aber wir müssen auch verstehen, dass er «der Löwe aus dem Stamm Juda» ist – der Könige der Könige und der Herr aller Herrn! Nichts und niemand, ja kein anderer Gott kann sich mit ihm vergleichen. Was die Sonne für unser Sonnensystem darstellt, stellt er für alles Geschaffene dar. Wenn nicht alles – unser Leben eingeschlossen – auf seine Herrlichkeit und seinen Willen ausgerichtet ist, werden wir, wie ein Planet, der nicht mehr unter dem Einfluss der Schwerkraft steht, in unsere eigene falsche Galaxie abdriften.

Wollen wir Gottes Herrschaft oder nur seine Segnungen?

Es gibt ein altes Sprichwort, das nicht so einfach zu verstehen ist. Es lautet: «So wie Gott seine Freunde behandelt, kann er von Glück sprechen, überhaupt welche zu haben.» Als ich es zum ersten Mal hörte, war meine spontane Reaktion: «Das ist Gotteslästerung!» Für unser religiöses Denken mögen diese Worte schwer zu fassen sein, und doch ist ein Fünkchen Wahrheit darin zu finden. Allerdings liegt das Problem nicht bei Gott, sondern bei uns!

Der Prophet Jesaja verglich Gottes Wege mit unseren Wegen und sagte: *«Denn so viel der Himmel höher ist als die Erde, so sind meine Wege höher als eure Wege und meine Gedanken als eure Gedanken»* (Jesaja 55,9). Weil Gott tatsächlich Gott ist, müssen wir, wenn wir seine Freunde sein wollen, immer einkalkulieren, dass er in unserem Leben regieren möchte. Demgegenüber gibt es einige Menschen, die nur wollen, dass Gott seine Segnungen über ihrem Leben ausschüttet. Doch wenn wir nicht bereit sind, in dem vollkommenen Willen und unter der Autorität des Königs zu leben, werden wir keine wahre Freundschaft mit ihm eingehen können.

Ein einfaches Beispiel für ein Gebot des Reiches Gottes, das viele nicht befolgen, ist, denen zu vergeben, die gegen einen gesündigt haben. Jesus gebot seinen Jüngern – und der Gemeinde –, Menschen zu vergeben, ansonsten würde der himmlische Vater uns unsere Sünden nicht vergeben. Oftmals versuchen wir, unseren Ärger und unsere

Bitterkeit zu rechtfertigen – schliesslich wurde unser Ego verletzt. Wir schreien nach Gerechtigkeit und meinen, einen Anspruch darauf zu haben. Als Freunde Gottes sind wir jedoch gefordert, all denen zu vergeben, die uns verletzt haben, weil auch Gott – indem er seinen Sohn für unsere Sünden geopfert hat – uns alle unsere Sünden vergeben hat. Wenn wir an unseren Verletzungen festhalten, den echten und den eingebildeten, handeln wir Gottes Wegen und seinem Herzen zuwider. Im Grunde wollen wir seine Segnungen erlangen, ohne seine Königsherrschaft anzuerkennen.

Einige Christen lieben es, auf Menschen zuzugehen und ihnen zu sagen: «Du hast mich wirklich verletzt. Aber du sollst wissen, ich habe dir vergeben!» Meist ist es so, dass derjenige, der uns verletzt hat, das völlig unbeabsichtigt getan hat. Doch weil wir unreif sind und Verletzungen in unserem Herzen mit uns herumtragen, empfinden wir etwas als ungerecht bzw. beleidigend, obwohl es gar nicht so gemeint war. Christen, die an Verletzungen festhalten, könnten ebenso gut ein Schild vor sich hertragen, auf dem steht: «Vorsicht, unreifer und fleischlicher Christ!» Wenn sie dann zu demjenigen kommen, der angeblich gegen sie gesündigt hat, behaupten sie, nur den Worten Jesu Folge zu leisten, der gesagt hat, wir sollen vor dem Gottesdienst auf Brüder oder Schwestern im Glauben zugehen, mit denen wir im Streit liegen. Wenn sie jedoch genau hingeschaut hätten, was in Matthäus 5,23–24 steht, hätten sie festgestellt, dass Jesus sagte: «Wenn dein Bruder etwas gegen dich hat, versöhne dich» – und nicht umgekehrt. Der König befiehlt uns, denen zu vergeben, die gegen uns gesündigt haben; und wenn wir das nicht tun, bauen wir Barrieren zwischen uns und Gott auf, die eine wahre Freundschaft verhindern. «Gleiches zieht Gleiches an», so heisst es in dem alten Sprichwort – und das gilt im Positiven wie im Negativen. Weil Gott heilig ist, wird er keinem eine dauerhafte Freundschaft anbieten, der nicht seine Wege und insbesondere nicht die Heiligung des Herzens sucht. Auch wenn er allen Menschen seine Freundschaft anbietet, ist es doch wahr, dass viele berufen, aber nur wenige auserwählt sind!

Vergebung ist nur ein Beispiel für viele andere Dinge, die Gott wichtig sind und die wir akzeptieren müssen, wenn wir tatsächlich zu seinen Freunden werden wollen. Wichtig ist ihm auch, dass wir anfangen, für andere statt für uns selbst zu leben. Im Kern bedeutet das, zuerst nach seinem Reich zu trachten.

Gottes Liebe erwidern

Der vielleicht am häufigsten zitierte Vers in der Bibel ist Johannes 3,16, wo es heisst: «*Denn so hat Gott die Welt geliebt, dass er seinen eingeborenen Sohn gab, damit jeder, der an ihn glaubt, nicht verloren geht, sondern ewiges Leben hat.*» Der grosse König, Gott der Vater, opferte aufgrund seiner grossen Liebe für uns sein Allerbestes – seinen Sohn Jesus. Kurz gesagt erwartet er, dass seine Freunde bereit sind, diese Liebe zu erwidern. Wir tun das, indem wir ihm immer wieder aus Liebe unser alles hingeben. Eine der eindrücklichsten biblischen Geschichten, die veranschaulicht, wie jemand die Liebe Gottes erwidert, finden wir in 1. Mose 22. Darin geht es um Abraham, den Freund Gottes, und seinen Sohn Isaak. Es ist gleichzeitig eine der seltsamsten und am wenigsten verstandenen Geschichten in der Bibel.

Etwa vierzehn bis neunzehn Jahre sind vergangen seit Abrahams Begegnung mit Gott, die in 1. Mose 18 aufgezeichnet ist. Isaak, der lang ersehnte Sohn der Verheissung, der weniger als ein Jahr nach Gottes Besuch geboren wurde, ist inzwischen ein junger Mann – zwischen dreizehn und achtzehn Jahre alt. Wir müssen uns vor Augen halten, dass er Abrahams und Saras lang ersehnter Sohn war. Die beiden hatten gut zwei Jahrzehnte auf diese Verheissung Gottes in ihrem Leben gewartet. Isaak verkörperte die Verheissung Gottes, dass Abraham der Vater einer Menge von Nationen sein würde und in ihm alle Geschlechter der Erde gesegnet würden (1. Mose 17,5; 12,3). Was an dieser Geschichte über Abraham, den Freund Gottes, und seinen Sohn der Verheissung befremdlich und unverständlich wirkt, ist, dass Gott Abraham anscheinend aufforderte, sein eigenes Kind zu töten!

In 1. Mose 22,1–2 lesen wir: «*Und es geschah nach diesen Dingen, da prüfte Gott den Abraham. Und er sprach zu ihm: Abraham! Und er sagte: Hier bin ich! Und er sprach: Nimm deinen Sohn, deinen einzigen, den du lieb hast, den Isaak, und ziehe hin in das Land Morija, und opfere ihn dort als Brandopfer auf einem der Berge, den ich dir nennen wer-*

de!» Zunächst einmal sollten wir beachten, dass Gott Abraham, seinen Freund, beim Vornamen nennt. Gott spricht seine Freunde und diejenigen, die er aufruft, seine Freunde zu werden, immer mit Vornamen an. Denken wir nur an die Geschichte von Zachäus, dem kleinen, reichen, verachteten Zöllner. Jesus kannte seinen Vornamen, bevor er ihm jemals begegnet war. Zachäus war nicht nur sehr klein und hatte Schwierigkeiten, in der Menschenmenge etwas zu sehen, wahrscheinlich wurde er auch zur Seite gedrängt, weil er verachtet war. Zachäus hatte es zu Reichtum gebracht, indem als Oberzöllner für die römischen Unterdrücker arbeitete und sein eigenes Volk ausbeutete.

Um einen Blick auf Jesus werfen zu können, lief er also voraus und stieg auf einen Maulbeerfeigenbaum. Als Jesus vorüberzog, schaute er kurz auf und sagte: «*Zachäus, steig eilends herab! Denn heute muss ich in deinem Haus bleiben*» (Lukas 19,5b). Zachäus, der verschmähte Aussenseiter, war schon lange vorher von Gott ausersehen worden, sein Freund zu werden. Als Jesus ihn zum ersten Mal sah, sprach er ihn bei seinem Vornamen an und lud sich selbst bei ihm ein. Gott wird uns immer mit Vornamen ansprechen. Ihm geht es um Freundschaft und nicht um Förmlichkeiten!

Darüber hinaus fällt im Zusammenhang mit den Anweisungen an Abraham auf, dass Gott deutlich sagte, er wolle Abrahams Liebe zu ihm prüfen. Wenn wir an die grundlegenden Eigenschaften Gottes denken, kommt uns gewöhnlich als Erstes seine Allwissenheit in den Sinn. Bestimmt ist Gott allmächtig, doch er sucht auch nach einer lebendigen, real erfahrbaren Beziehung zu seinen Kindern. Ich möchte einmal behaupten, wenn Christen in ihrer Ehe dieselbe Innigkeit pflegen würden, die sie mit Gott haben, würden sie keine Kinder hervorbringen! Gott ist nicht an einer platonischen Liebesbeziehung mit uns interessiert. Obwohl er alles weiss, prüft er unsere Herzen und stellt unseren Gehorsam auf die Probe. Es geht ihm nicht darum, was wir in unserem Kopf wissen; er möchte, dass wir sein Herz kennen und es erwidern.

Gott prüfte Abraham also, indem er ihn bat, den Sohn der Verheissung auf den Altar der Anbetung zu legen. Für das Vaterherz Gottes war das nicht leicht. Jeder Mensch ist wertvoll in den Augen Gottes und ihm war zudem wohl bewusst, wie sehr Abraham seinen Sohn liebte.

In 1. Mose 22,9–10 heisst es: «*Und sie kamen an den Ort, den Gott ihm genannt hatte. Und Abraham baute dort den Altar und schichtete das Holz auf. Dann band er seinen Sohn Isaak und legte ihn auf den Altar oben auf das Holz. Und Abraham streckte seine Hand aus und nahm das Messer, um seinen Sohn zu schlachten.*» Als Abraham gerade aus Gehorsam zu Gott seinen Sohn opfern wollte, sprach Gott: «*Strecke deine Hand nicht aus nach dem Jungen, und tu ihm nichts! Denn nun habe ich erkannt, dass du Gott fürchtest, da du deinen Sohn, deinen einzigen, mir nicht vorenthalten hast. Und Abraham erhob seine Augen und sah; und siehe, da war ein Widder hinten im Gestrüpp an seinen Hörnern festgehalten. Da ging Abraham hin, nahm den Widder und opferte ihn anstelle seines Sohnes als Brandopfer*» (Verse 12–13).

Die meisten von uns wissen, dass diese Geschichte vor allem ein prophetisches Bild dafür ist, wie Gott später auf Golgatha seinen eigenen Sohn, das Lamm Gottes, für uns opfern würde. Doch wie in vielen anderen Bibelabschnitten wird hier noch eine zweite Wahrheit veranschaulicht. Nachdem Gott gesehen hatte, dass Abraham gehorsam und sogar bereit war, die grösste Verheissung, die er in seinem Leben empfangen hatte, wieder zurückzugeben, sagte er zu ihm: *«Denn nun habe ich erkannt, dass du Gott fürchtest.»*

Gott wünschte sich gelebte Liebe von seinem Freund Abraham, und das Gleiche wünscht er sich auch heute von seinen Freunden. Obwohl wir in verschiedenen Psalmen und auch an anderen Stellen in der Bibel dazu aufgefordert werden, unsere Hände in der Anbetung zu Gott zu erheben, behaupten einige Bibellehrer, es mache keinen Unterschied, ob man das gelegentlich tue oder nicht. Sie argumentieren, Gott kenne unser Herz und wisse sowieso, was in uns vorgeht. Das mag ja so sein, doch Gott möchte, dass wir ihm unsere Liebe unter Beweis stellen, wie auch einige Frauen ihre Ehemänner immer wieder fragen: «Warum sagst du mir eigentlich nie, dass du mich liebst?» Die Männer mögen dann vielleicht antworten: «Aber ich liebe dich doch, das habe ich dir doch vor allen bei unserer Hochzeit gesagt!» Die Frau möchte das aber nicht verstandesmässig wissen; sie möchte, dass diese Liebe demonstriert und kommuniziert wird. In gleicher Weise fordert Gott uns auf, ihn nicht nur in Wahrheit, sondern auch im Geist anzubeten! Er sucht nach Menschen, die auf ihn eingehen. Abraham ging aus Liebe und Ehrfurcht auf Gott ein. Die Frage drängt sich auf: Wenn ein Christ nicht einmal ab und an seine Hände heben kann, um damit seine Hingabe und Liebe zum Ausdruck zu bringen, ist er dann bereit, irgendetwas anderes in seinem Leben, was Gott von ihm fordern könnte, hinzugeben – insbesondere wenn es ihn viel mehr kostet als das?

Wie bereits erwähnt, laden meine Frau und ich gern gute Freunde zum Abendessen bei uns ein, wobei wir dann wesentlich mehr Geld für die Zutaten ausgeben und uns viel mehr Zeit für die Zubereitung nehmen als bei einem gewöhnlichen Essen. Wir tun das nicht, um sie zu beeindrucken, sondern um ihnen unsere Liebe zum Ausdruck zu bringen. Als wir in Toronto lebten, kam eine sehr gute Freundin von uns jedes zweite Wochenende zu uns zum Abendessen. Sie war aus England nach Toronto gezogen, um an der Bibelschule mitzuarbeiten, die von unserer Gemeinde angeboten wurde. Während eines Schuljahres war das Essen nicht auf dem Niveau, wie sie es sich gewünscht hätte. Sie beklagte sich nie darüber, doch diese Treffen bei uns zu Hause bauten sie emotional auf, da wir gute Freunde für sie waren. Auch aus kultureller Sicht stellte das Essen, das wir ihr anboten, eine willkommene Abwechslung für sie dar. Aufgrund der Freundschaft zu ihr machte es meiner Frau und mir überhaupt nichts aus, uns etwas mehr Mühe mit dem Essen zu machen und auch etwas mehr dafür auszugeben, als wir es normalerweise getan hätten. Es war für uns ein Liebesopfer. Rein verstandesmässig wusste unsere Freundin, dass wir sie liebten und dass sie uns wichtig war; doch sie erfreute sich daran, dass wir ihr diese Liebe in Form eines guten Essens zum Ausdruck brachten.

Gott wird auch uns auffordern, die opferbereite Liebe, die er uns gegenüber demonstriert hat, zu erwidern. Weil er uns liebt, gab er uns sein Bestes – Jesus. Die Zeit wird kommen, wo Gott unsere Freundschaft testen und uns bitten wird, ihm unser Bestes zu geben – und das wird er vielleicht mehr als einmal tun. Er wird er uns möglicherweise auffordern – wie Abraham, den Gott seinen Freund nannte –, unser «Kind der Verheissung» zu opfern. Und genau an diesem Punkt, bei diesem vierten Aspekt, der eine Freundschaft mit Gott charakterisiert, scheitern viele von uns, weil wir das Gefühl haben, der Preis sei zu hoch.

Wenn wir wie David wirklich geschmeckt und gesehen haben, dass der Herr gut ist, wird uns bewusst sein: Nichts, was wir jetzt besitzen oder jemals besitzen werden, lässt sich damit vergleichen, Gottes unendliche Liebe zu erfahren. Wir werden in der Lage sein, uns mit dem Kaufmann in dem Gleichnis von der kostbaren Perle zu identifizieren, denn wir haben diese eine Perle gefunden, neben der alle anderen ausdruckslos erscheinen! Das ist der Grund, warum viele Menschen auf eine Karriere verzichtet, Gott ihr Haus, ihren Wagen, ja ihr ganzes Leben hingegeben haben. Sie haben wie David erkannt, dass es tatsächlich nur auf eine Sache ankommt – die Freundlichkeit des Herrn anzuschauen. Gott wird das Verlangen unseres Herzens jedoch testen, und wenn es nur dazu dient, uns zu zeigen, was wirklich in uns ist. Und wie wir bereits gesehen haben, versagen viele genau an der Stelle – auf dem Berg Gottes, wo wir ihm unsere Anbetung darbringen sollen –, in eine tiefere Freundschaft mit ihm hineinzukommen. Der Apostel Jakobus schrieb, wir können nicht ein Freund der Welt sein und gleichzeitig Gott lieben. Ich glaube, die Geschichte von Abraham, der auf dem Berg in einer Haltung der Anbetung bereit ist, Isaak zu opfern, veranschaulicht, was Jakobus hier meint. Orientieren wir uns an dem Wertesystem dieser Welt, dann stehen unser Besitz und unsere persönlichen Ziele an erster Stelle. Viele beziehen hier noch die Verheissungen mit ein, die Gott ihnen für ihr Leben und ihren Dienst gegeben hat.

Die Verheissungen über Leben und Tod

Bereits von Anbeginn der Zeit wurden Jesus die Nationen als Erbteil verheissen (Psalm 2). Der Weg, den der Vater vorgesehen hatte, damit Jesus dieses Erbe in Besitz nehmen konnte, war, sich selbst zu sterben. Jesus, unser Herr, hat uns berufen, es ihm gleichzutun. Er fordert uns auf, täglich unser Kreuz auf uns zu nehmen. An manchen Tagen wird dieses Kreuz leichter sein – wenn es beispielsweise darum geht, sich um einen Nachbarn oder Arbeitskollegen zu kümmern. Doch die Zeit der Prüfung wird kommen, wenn dieses Kreuz scheinbar schwer ist. Vielleicht geht es dann um unser ganzes Leben oder darum, eine Segnung oder eine Verheissung, die Gott gegeben hat und für die man sich jahrelang treu hingegeben hat, auf den Altar zu legen.

Ich erinnere mich, wie ich vor einigen Jahren einmal in einer Gemeinde im Zentrum von Cleveland, Ohio über dieses Thema gepredigt habe. In der ersten Reihe sass ein Pastor aus einer anderen Gemeinde der Stadt. Er fiel mir unter all den vielen Menschen auf, weil seine Augen riesengross wurden, als ich darüber sprach, wie Abraham sein Kind der Verheissung Gott hingab. Nach der Veranstaltung erzählte er mir seine Geschichte. Er hatte einige Jahre zuvor eine Gemeinde im Zentrum von Cleveland gegründet. Nachdem er sich lange Zeit aufopferungsvoll dafür hingegeben und Gott seinen Segen dazugegeben hatte, war seine Gemeinde auf eine gute Grösse angewachsen. Für andere Pastoren in der Stadt stellte das alles eine wahre Erfolgsgeschichte dar. Doch dann tat er etwas, was nur sehr wenige Pastoren tun würden. Er übergab die Gemeinde an jemand anderen und zog ans andere Ende der Stadt, um dort einen neuen Dienst anzufangen. Der Grund war schlicht und einfach, dass Gott gesagt hatte: «Wenn du in all das hineinkommen möchtest, was ich für dich habe, musst du diese Gemeinde abgeben, denn dieser Weinschlauch ist nicht dehnbar genug!» Er tat dann etwas beinahe Unvorstellbares; er legte sein Kind der Verheissung auf den Altar und wandte sich einer grösseren Sache zu. Die meisten Menschen hätten in seiner Situation das Gute festgehalten und damit versäumt, das Grössere zu erlangen. Diesem Mann war es jedoch wichtiger, Gott gehorsam zu sein, als in den

Augen der Menschen erfolgreich zu sein. Die Botschaft darüber, Gottes Freund zu werden, berührte ihn tief in seinem Herzen, denn er war in der Tat sein Freund geworden!

«Grössere Liebe hat niemand als die, dass er sein Leben hingibt für seine Freunde», sagte Jesus, wie wir in Johannes 15,13 nachlesen können. Sein Leben, seinen Besitz oder seine Träume hinzugeben heisst, Gottes unendliche Liebe zu uns zu erwidern. Und zwar nicht aus einem religiösen Pflichtgefühl heraus oder in dem Versuch, sich Gottes Liebe zu verdienen – nur die Gnade, die uns durch das Kreuz zugänglich wurde, kann das vollbringen. Doch eine tiefe Freundschaft mit Gott zeichnet sich dadurch aus, dass wir bereit sind, unser Leben aus Freundschaft, Liebe und Gehorsam hinzugeben. Wir erwidern damit nicht nur sein Herz für uns, sondern wir erkennen an, dass er der grosse «Ich bin» ist. Es ist ein wunderbares und göttliches Ziel, den Herrn am Tag des Gerichts sagen zu hören: «Recht so, du guter und treuer Knecht!» Doch wie wäre es, wenn wir den Herrn darüber hinaus sagen hören: «Dieser ist mein Freund!»?

Schluss

Ein Freund fürs Leben

Freund, wie bist du hier hereingekommen, da du kein Hochzeitskleid hast? (Jesus im Gleichnis vom Hochzeitsmahl).

Die Bibel lehrt uns, dass Gott im Gegensatz zu den meisten Menschen nicht an dem äusseren Erscheinungsbild interessiert ist. Ihm ist nicht wichtig, was wir anziehen oder wie viel wir für unsere Kleidung ausgeben, solange wir Bescheidenheit an den Tag legen. Dem Propheten Samuel erklärte Gott, dass der Mensch auf das Äussere schaut, während Gott unser Herz sieht. Jesus ermutigte uns, uns nicht darum zu sorgen, womit wir uns kleiden, sondern eher Sorge dafür zu tragen, dass wir nach dem Reich Gottes trachten.

Allerdings fordert Gott uns auf, «Christus anzuziehen» (Galater 3,27). Das heisst, wir sollen uns mit der Gerechtigkeit Christi bekleiden, die uns durch das Kreuz zuteilwird. Auch Johannes mahnte die Gemeinde im Buch der Offenbarung, sich zu kleiden *«in feine Leinwand, glänzend, rein; denn die feine Leinwand sind die gerechten Taten der Heiligen»* (Offenbarung 19,8). Obwohl wir also zu Recht behaupten können, dass Gott unser äusseres Erscheinungsbild nicht kümmert, ist ihm unser «geistliches Erscheinungsbild» doch sehr wichtig. In Psalm 149,4b heisst es sogar: *«Er schmückt die Demütigen mit Heil!»* Und in Psalm 96,9 (NGÜ) lesen wir: *«Betet den Herrn an in heiligem Festschmuck! Alle Welt soll vor ihm in Ehrfurcht erbeben.»*

Es gibt viele Menschen, die einer Gemeinde angehörten oder noch angehören, in der man sich sehr adrett kleidet, wenn man in den Gottesdienst geht. Andere gehören einer Gemeinde an, in der man sehr legere und moderne Kleidung trägt. So wie es in den meisten Gemeinden einen gewissen Standard gibt, was Kleidung angeht, gibt es für diejenigen, die sich sehr adrett kleiden, wie auch für diejenigen, die legerer angezogen sind, gewisse «Benimmregeln» im Umgang mit der Person Gottes. Über die Kunst der Anbetung und mit welcher Herzenshaltung wir uns Gott nahen, könnte man ein ganzes Buch oder sogar mehrere Bücher schreiben. In diesem letzten Kapitel über die Freundschaft mit Gott möchte ich lediglich anmerken: Obwohl Gott uns annimmt, wie wir sind, erwartet er von uns – wenn wir wirklich Jesus gehören –, dass wir gehorsam sind. Das ist Teil unserer DNA!

Zweifellos sind wir allein aus Gnade gerettet (Epheser 2,8–9). Die Frage ist jedoch: Nachdem wir diese Gabe des Lebens empfangen haben, was tun wir damit? Es geht nicht darum, wo wir die Ewigkeit verbringen werden. Das ist bereits geklärt, wenn wir Christus gehören. Doch wie werden wir leben, während wir hier auf der Erde sind? Entweder können wir den Verheissungen Gottes Glauben schenken und auf erstaunliche Weise Frucht in unserem Leben hervorbringen. Oder wir können wie die erste Generation der Israeliten leben, die zwar aus der Sklaverei befreit waren, aber in der Wüste blieben. In seiner grossen Liebe versorgte Gott sie und schützte sie; doch sie lebten nicht in der Freiheit und Fruchtbarkeit, die Gott auf der Erde für sie beabsichtigt hatte.

Es wäre einfach gewesen, das Augenmerk in diesem letzten Kapitel auf all die Verheissungen zu richten, die Jesus uns gegeben hat, und das Buch damit einer breiteren Leserschaft schmackhaft zu machen. Unglücklicherweise, oder wohl eher glücklicherweise, hängen so viele der Segnungen Jesu allerdings davon ab, dass wir unser Leben verändern und zu Jüngern oder Nachfolgern Christi werden. Jesus erklärte: *«Ihr seid meine Freunde, wenn ihr tut, was ich euch gebiete»* (Johannes 15,14).

Wie wir bereits gesehen haben, bedeutet «Busse zu tun» viel mehr, als Bedauern, Schuld oder Scham über vergangene Taten oder Entscheidungen zu empfinden. Im Grunde bedeutet es, an einen hohen Ort (wie ein Penthouse) zu kommen, eine neue lebensverändernde Sicht zu erlangen und sich aus dieser Perspektive von einer höheren Warte zu entscheiden, sich zu verändern! Gottes Absicht ist es, dass sich unser Leben verändert, weil wir erkennen, wer er wirklich ist, während wir eine Freundschaft zu ihm entwickeln und sein Vaterherz kennenlernen. Und wenn wir seine Barmherzigkeit, Heiligkeit, Majestät und Macht anschauen, können wir gar nicht anders, als so zu leben, wie Christus auf dieser Erde gelebt hat. Es gibt allerdings ein kleines Problem, und das betrifft unseren freien Willen!

Gott lehnt es ab, dem Menschen diese entscheidende Eigenschaft zu nehmen, die uns unter allen geschaffenen Wesen ihm ähnlich sein lässt. Die meisten Tiere reagieren instinktiv, auch wenn viele Vögel und Säugetiere offensichtlich weiter fortgeschritten sind als andere im Hinblick auf das logische Denken. Doch selbst die Tiere, denen gewisse simple Dinge antrainiert werden können, die dem Menschen ähnlich sein mögen, müssen immer noch von Menschen angeleitet werden.

Neben der kreativen Fähigkeit, zu träumen und sich Dinge vorzustellen, haben Menschen wie auch Engel einen freien Willen. Was Liebe so einzigartig macht, ist, dass dabei unser freier Wille gefragt ist. Erzwungene Liebe ist schlichtweg keine Liebe! Aus dem Grund sagt uns Jesus, wenn wir wirklich seine Nachfolger sein wollen, müssen wir uns täglich entscheiden, unser Kreuz auf uns zu nehmen und ihm zu folgen. Ja, um ein Freund Gottes zu sein, müssen wir täglich Entscheidungen treffen, die weder selbstsüchtig noch engstirnig sind. Wir sind dazu aufgerufen, Gott selbst, seine Wege und seinen spezifischen Willen für unser Leben zu suchen; denn letztendlich kann man keine Freundschaft mit einer Person eingehen, deren zentrale Werte und Praktiken einem fremd sind. Das Licht der Herrlichkeit Gottes hat nichts gemein mit der Dunkelheit des Betrugs und der Selbstzentriertheit. Öl und Wasser lassen sich nicht miteinander vermischen. Aus einer Quelle kann nicht gleichzeitig gesundes und giftiges Wasser hervorsprudeln. Entweder entscheiden wir uns, mit Gott zu leben und seinen Wegen und seinem Willen zu folgen, oder wir versuchen, lediglich seine Verheissungen und Segnungen zu erlangen, ohne wahrhaftig anzuerkennen, dass er der allmächtige Gott ist!

In den vergangenen Jahren wurden verborgene Sünden in der Gemeinde – insbesondere unter Leitern – auf allen möglichen Webseiten, in Zeitschriften und im Fernsehen publik gemacht. Die Tatsache, dass vor der Öffentlichkeit Sünde in den eigenen Reihen aufgedeckt wurde, hat bei vielen Christen Beschämung ausgelöst, wobei Gott und die Engel das vielleicht ganz anders sehen.

Gottes Liebe für seine Kinder und Jesu Liebe für seine Braut und seine Freunde ist alles verzehrend und ohne Scham. Gott kennt uns viel besser, als wir uns selbst kennen. Alle Tage unseres Lebens waren bereits in sein Buch geschrieben, noch bevor einer von ihnen begann – und er liebt uns dennoch. Er wird das gute Werk, das er in uns begonnen hat, auch vollenden. Das erinnert an das alte Sprichwort: «Gott liebt uns, wie wir sind; aber er liebt uns zu sehr, um uns so zu lassen, wie wir sind!» Der Vater ist entschlossen, eine Braut für seinen Sohn Jesus zuzubereiten, die wahre Schönheit, Reinheit und Gnade ausstrahlt. Die Frage ist: Werden wir uns entscheiden, auf den Stein zu fallen, oder wird der Stein auf uns fallen?

Busse ist eine Gabe von Gott, die uns befähigt, vor seinen Thron der Gnade zu kommen und nicht nur Barmherzigkeit (Vergebung) zu empfangen, sondern die Gnade (Kraft) seines Wortes und seines Geistes, in Freiheit zu leben und uns selbst ihm als ein heiliges Opfer darzubringen. Wie schon erwähnt, wäre es einfach gewesen, über die Gnade Gottes auf eine lockere, oberflächliche Weise zu sprechen und damit dieses letzte Kapitel (wie auch das Buch) einer grösseren Leserschaft zugänglich zu machen. Das Problem ist, dass Gott nicht an einer lockeren, oberflächlichen Freundschaft interessiert ist. Er ist ein alles verzehrender Gott, der sich alles verzehrende Freundschaften wünscht. Und er hat uns bereits grosszügig und über die Massen beschenkt, indem er Jesus sandte, um am Kreuz sein Leben für uns hinzugeben. So schreibt der Apostel Jakobus: *«Eifersüchtig sehnt er sich nach dem Geist, den er in uns wohnen liess»* (Jakobus 4,5). Werden wir seine Freundschaft erwidern, indem wir, wie Jesus es getan hat, unser Kreuz auf uns nehmen und Ja sagen zu seinem Willen und seinen Wegen? Wenn wir uns dazu entscheiden, werden wir die Kraft, den Frieden und die Freude, die mit dieser unfassbaren Freundschaft verbunden sind, in Ewigkeit geniessen!

In unserer heutigen Kultur, die von tiefer Zerrüttung und Ablehnung geprägt ist, ist es nicht leicht, gesunde Beziehungen zu pflegen, geschweige denn aufrechtzuerhalten. Jemand, der keine bedingungslose Liebe in seinem Leben erfahren hat, tut sich wahrscheinlich schwer damit, Gott für etwas zu vertrauen, was er selbst nie kennengelernt hat. Jemand, der in erster Linie leistungsorientierte Beziehungen geführt hat, braucht unter Umständen lange, bis er lernt, tief in seinem Herzen zu glauben, dass Gott ihn immer lieben und annehmen wird. Und wo wir eine Beziehung womöglich beenden würden, weil wir verletzt oder angriffen wurden, ist Gott bereit, das gute Werk, das er in unserem Leben begonnen hat, zu vollenden.

Gottes Liebe basiert vollständig auf Gnade dank des Opfers, das Jesus für uns dargebracht hat. Seine Liebe und Geduld sind – selbst in Zeiten, wo wir Gott betrüben oder gegen ihn sündigen – unerschütterlich, da er für all unsere Fehler bezahlt hat. Dass er uns liebt, bedeutet nicht, dass wir keine Rechenschaft ablegen müssten. Dies tun wir allerdings vor seinem Thron der Gnade und Barmherzigkeit und nicht vor einem Thron des Gesetzes, wo Auge um Auge und Zahn um Zahn gefordert wird. Den Preis, den seine Heiligkeit einfordert, hat Jesus am Kreuz bereits bezahlt.

Jesus sagte: *«Grössere Liebe hat niemand als die, dass er sein Leben hingibt für seine Freunde.»* Weil er sein Leben für uns hingegeben hat, um diese Freundschaft zu bestätigen, dürfen wir uns bewusst machen und glauben, dass es eine lebenslange Freundschaft ist – eine ewige Freundschaft. Er wird uns niemals den Rücken zukehren. Er wird uns niemals nur sein Zweitbestes geben. Alles, was er tut, ist darauf ausgelegt, dass wir die Gerechtigkeit, den Friede und die Freude seines Königreichs erleben. Mit anderen Worten: Er möchte, dass wir ein erfolgreiches Leben führen.

Keine menschliche Freundschaft – so gut sie auch sein mag – lässt sich mit Gottes Freundschaft vergleichen. Seine

Freundschaft ist einzigartig. Und die guten Beziehungen, die wir haben, werden aufgrund seiner Freundschaft, Herrschaft und Vaterschaft in unserem Leben sogar noch an Tiefe zunehmen. Seine Freundschaft ist eine Freundschaft fürs Leben und nichts und niemand kommt ihr gleich. Wie David, der Liebhaber Gottes es ausdrückte: *«Denn deine Güte ist besser als das Leben, mit meinem Mund will ich dich loben»* (Psalm 63,4; NGÜ).

Epilog

In die Freundschaft mit Gott investieren

Langjährige Freundschaften lassen sich vergleichen mit langjährigen Ehen. Wenn sie sich bewähren sollen, ist Vorsatz, Hingabe und Investition gefragt. Am Ende dieses Buches möchte ich noch ein paar Sätze hinzufügen im Hinblick darauf, was wir investieren müssen, um Gottes Freunde zu werden und zu bleiben. In diesem Buch ging es vor allem um Vorsatz und Hingabe im Zusammenhang mit unserer Beziehung zu Gott. Wenn wir uns nun damit auseinandersetzen, wie wir in diese Beziehung investieren können, müssen wir aufpassen, nicht in eine Falle zu tappen.

Viele Menschen sind nämlich von einem religiösen Ansatz im Umgang mit Gott geprägt – einige schon ein Leben lang. Ob sie nun Teil einer Sekte waren oder einer gesetzlichen christlichen Gemeinde angehörten, spielt dabei keine Rolle. Das grundsätzliche Problem ist, dass vielen fortwährend vermittelt wurde, man müsse etwas leisten, um etwas von Gott zu empfangen. In unserem Fall würde das bedeuten: Wenn wir eine bestimmte Zeit im Gebet investiert haben, muss Gott zu uns sprechen. Schliesslich haben wir unseren Teil getan!

Das Gegenmittel ist *Gnade*. Wenn wir bewusst und gezielt lernen, uns aus dem Blickwinkel der Gnade heraus zu disziplinieren, können wir uns von einem religiösen und stereotypen Denken bezüglich unserer Beziehung zu Gott befreien.

Etwas «aus Gnade» zu tun, heisst nicht, alle Disziplin über Bord zu werfen. Jesus sagte schliesslich in Matthäus 28,19 : *«Geht nun hin und macht alle Nationen zu Jüngern, ...»* (Das englische Wort für «Jünger» ist *disciple*, was an Disziplin anklingt; Anm. d. Übersetzers). «Aus Gnade» bedeutet für mich: Regelmässig Zeit mit Gott im Gebet und in der Anbetung zu verbringen ist ein «Kann» und kein «Muss». Es ist nicht so sehr eine Bedingung, sondern vielmehr ein Privileg. Und Gott fordert uns auf, von Herzen von diesem Privileg Gebrauch zu machen – wenngleich wir es aus Disziplin tun und nicht nur ab und an aus einem schönen Gefühl heraus.

Es ist ein grosser Unterschied, ob man regelmässig das Richtige tut, weil man davon überzeugt ist, oder ob man es nur hin und wieder tut, weil man sich danach fühlt. Wenn wir – weil wir von der Güte Gottes überzeugt sind – Dinge im Glauben tun und ihm nicht nur einfach religiöse Opfer darbringen, wird das unser Herz und unsere Seele auf dem Weg der Nachfolge beleben.

Ein Freund von mir, der eine Gemeinde nördlich von Sydney in Australien leitet, antwortete einmal sehr weise auf eine Frage, in der es um Mission ging. Ein Geschäftsmann in seiner Gemeinde hatte ihm gesagt, er glaube, Gott hätte zu ihm gesprochen, er solle ein christliches Waisenhaus in Asien unterstützen, doch er spüre in seinem Herzen nicht, welches Waisenhaus es sei. Mein Freund antwortete: «Spende einfach zehntausend Dollar an eines der Waisenhäuser in Asien, mit denen unsere Gemeinde zusammenarbeitet.» Der Mann erwiderte: «Warum sollte ich das tun, wenn ich in meinem Herzen nichts für dieses Waisenhaus spüre?» Worauf der Pastor ihm sagte: *«Wo dein Schatz ist, da wird auch dein Herz sein»* (Matthäus 6,21). Als der Mann dem Rat meines Freundes folgte, stellte er fest, dass genau das geschah. Über einen gewissen Zeitraum fühlte er sich geleitet, für diese speziellen Waisenhäuser zu beten und sie finanziell sogar noch stärker zu unterstützen. Warum? Weil sein Schatz dort war!

Der Punkt, den mein Freund machen wollte, war: Wenn man etwas, was einem im Leben kostbar ist, weggibt, geht das Herz mit. Für viele von uns ist Zeit mit das Kostbarste, was wir besitzen. Gott hat es so eingerichtet, dass wir alle innerhalb eines 24-stündigen Zeitrahmens leben, arbeiten, essen und schlafen. Mehr Zeit steht uns nicht zur Verfügung. Ist ein Tag um, sind damit auch die Gelegenheiten vertan, die sich einem an diesem Tag geboten haben. Viele von uns sind so beschäftigt im Leben, dass sie anscheinend keine Zeit mehr haben für eine Beziehung zu Gott, zu ihrem Ehepartner, zu ihren Kindern, geschweige denn zu ihren Freunden.

Die heutige Geschäftigkeit verbunden mit der «Tyrannei des Dringlichen» ist der Grund, warum viele Menschen keine tiefen Beziehungen mehr haben. Ich bin jedoch überzeugt, wenn wir anfangen, Zeit mit Gott zu verbringen, wird unser Herz zu ihm hingezogen werden und wir werden von ihm in einer Weise erfüllt werden, wie es nichts und niemand zu tun vermag. Es ist, als wenn wir Geld in den Bau eines Hauses investieren. Um den monatlichen Abtrag leisten zu können, werden wir das Haushaltsbudget einschränken müssen. Doch mit der Zeit werden wir merken, dass wir das Geld nicht nur einfach der Bank geben, sondern dass wir anfangen, etwas Wertvolles zu besitzen. Indem wir uns disziplinieren und regelmässig Zeit mit Gott verbringen, wird uns bewusst werden, dass wir etwas Unbezahlbares besitzen – Gottes Gerechtigkeit, Frieden und Freude in unserem Herzen. Wir werden darüber hinaus ein zunehmendes Gespür für sein Herz und seine Stimme entwickeln. Und das ist wahrlich ein Schatz!